L. Douglas Keeney · Stephen I. Schwartz

# Der Jüngste Tag

## Das offizielle Atomkrieg-Szenario der US-Regierung

Mit einem Vorwort von Thomas Kielinger

SiEGLER
gegr. 1931

## IMPRESSUM

Siegler Verlag GmbH
Einsteinstraße 10
53757 Sankt Augustin





Deutsche Übersetzung: Walther Wuttke, Bad Honnef

Umschlagentwurf: ARTCOM, Königsinter

Layout/Satz: TEXT + BUCH, Siegen

Druck: Ellwanger, Bayreuth



Printed and bound in Germany

ISBN 3-87748-621-5

## Vorwort der Deutschen Ausgabe

Am 20. Januar 1981, die Vereidigung zum Präsidenten der USA lag gerade hinter ihm, erhielt Ronald Reagan im Weißen Haus von den Militärexperten sein erstes Briefing zur Sicherheitslage der Nation, und welche Schritte im Ernstfall eines Konflikts auf ihn, den Oberkommandierenden der Streitkräfte, zukommen würden. Reagan war ein Genie der Vereinfachung, was viel belächelt worden ist, doch in Wahrheit seine größte Stärke ausmachte. Er stellte den Fachleuten, die ihn unterrichten sollten, eine entwaffnende Eingangsfrage. „Meine Herren", so begann er, „was kann ich tun, wenn ich von Ihnen erfahre: Die Sowjetunion hat einen atomaren Erstschlag ausgelöst und in wenigen Minuten werden die ersten Sprengköpfe amerikanischen Boden erreichen?" Was, anders gesagt, geschieht, wenn Abschreckung versagt?

Großes, betretenes Schweigen. Die einfachste aller Fragen enthüllte auf einen Schlag die komplette Hilflosigkeit der Militärs. Schließlich wagte sich einer hervor und gab zu: „Nicht viel, Herr Präsident. Wir müssten Ihnen dann raten, unsere nukleare Gegenkapazität zu aktivieren, um möglichst viele Raketen aus Silos und see- wie luftgestützten Positionen abzufeuern, ehe diese von den anfliegenden Sprengköpfen zerstört werden können." Der Jargon hatte dies Szenario längst in die passende Verkürzung gepresst: „Use'em or lose'em" – setze sie ein oder verliere sie, die Waffen deines atomaren Arsenals.

Reagan war entsetzt. „Wie bitte?", schoss er zurück. „Als Antwort bleibt mir nur, die andere Seite zur Vergeltung gleichfalls in Schutt und Asche zu legen?" Sein bohrendes Insistieren verriet, dass der Präsident nicht viel von der gültigen Standarddoktrin des Kalten Krieges hielt. Deren Logik klang so: Es wird nicht zum Zusammenbruch der Abschreckung kommen, weil die Überlebensfähigkeit einer ausreichenden Zweitschlagkapazität und ihrer Zerstörungskraft jeden potenziellen Angreifer von einem Erstschlag abhalten muss; der dem Gegner zufügbare Schaden werde durch die eigene Verwundbarkeit mehr als ausgeglichen. Ergo: Kein Einsatz von Atomwaffen.

Abschreckung, „dissuasion", wie die Franzosen sagen, Abratung: Sie basierte auf diesem Prinzip der gegenseitig glaubwürdig angedrohten Vernichtung, der „Mutually Assured Destruction". Die Abkürzung dafür, MAD, sagte alles: Die Zukunft der Zivilisation beruhte auf einer verrückten, irrsinnigen Versicherung – dem Gleichgewicht des Schreckens.

Ronald Reagan dachte weiter. Geht nicht alles auf der Welt irgendwann aus den Fugen? Kann man sich auf die Haltbarkeit von MAD verlassen? Funktioniert Abschreckung in jedem Fall? Was, wenn auf der gegnerischen Seite Raison und verantwortliche Kalkulation nicht mehr zählen? Daher seine Frage am ersten Tag im Amt. Sie war alles andere als naiv. Genau mit dem von ihr aufgeworfenen Problem, mit dem Zusammenbruch von Abschreckung nämlich hatte sich mehr als zwanzig Jahre zuvor, 1958, das Pentagon in der zweiten Amtszeit von Präsident Dwight D. Eisenhower bereits detailliert auseinander gesetzt. In einer unschuldig „Emergency Plans Book" genannten Geheimstudie wurde in schonungsloser Sprache das Undenkbare gedacht und beschrieben: Ein nuklearer Angriff auf die Vereinigten Staaten. Weltuntergang noch nicht ganz, dafür das Grauen von 25 Millionen Toten, „das soziale Gewebe zerrissen", „Washington derart zerstört, dass dort keine Tätigkeiten mehr möglich sind" und andere in kalter Nüchternheit beschriebene Konsequenzen.

Diese Studie, 1998 entdeckt und Anfang dieses Jahres in den USA publiziert, liegt hier in ihrer deutschen Übersetzung vor, mit allen Erläuterungen der Originalausgabe. Sie gewährt einen faszinierenden Einblick in das Denken der damals Verantwortlichen, die weitaus realistischer als alle offiziellen Zivilverteidigungsbroschüren der Zeit den Folgen eines nuklearen Schlagabtausches ins Gesicht sahen. Während Unsummen für die Anlagen von Bunkern und anderen Notunterkünften für den Ernstfall ausgegeben wurden und die Bevölkerung im Glauben gewiegt wurde, den 3. Weltkrieg könne man „in einem Bunker einen Meter unter der Erde überstehen", lesen wir hier, was man hinter den Kulissen wirklich dachte: Dass ein atomarer Krieg dem Ende der Welt furchtbar nahe kommen werde.

Wir Heutigen, aufgeschreckt durch die Ereignisse vom 11. September 2001, haben doppelten Grund, uns in die Implikationen dieser Studie zu vertiefen. Daran rühren auch die beiden Herausgeber, L. Douglas Keeney und Stephen I. Schwartz, in ihren Erläuterungen. Mit dem internationalen Terrorismus tritt ein Gegner ins Weltgeschehen, den kein Konkordat des Schreckens, wie man den Kalten Krieg und sein ehernes Gesetz nennen könnte, abhält, zu den äußersten Waffen zu greifen, könnte er ihrer nur habhaft werden. Zumindest kann man einen solchen Ernstfall nach dem 11. September nicht mehr ausschließen. Wer Passagierflugzeuge und ihre Fracht kaltblütig in Wolkenkratzern zur Explosion bringt, steht außerhalb der Gleichung kalkulierbarer Abratung. Ihn schreckt nichts ab, was er in seine Hände bekommen kann.

Und noch einen weiteren Bogen zur Gegenwart schlägt die Studie von 1958. Einige der dort beschriebenen Maßnahmen zur Aufrechterhaltung „ständiger Regierungsbereitschaft" wurden, man erfährt es mit

Staunen, nach den Anschlägen in New York und Washington, D. C. überhaupt zum erstenmal in die Tat umgesetzt, so die Evakuierung der Führungselite der Administration und des Kongresses, so die Stilllegung des gesamten Flugverkehrs über den Vereinigten Staaten für die Dauer von drei Tagen. So ungemütlich nahe rückt den USA die Krise, dass Notmaßnahmen, die für den Fall eines atomaren Schlages angedacht und virtuell durchgespielt worden waren, heute, nach dem ersten konventionellen Angriff auf das nationale Territorium Amerikas, ihre Implementierung erfahren, unter Begleitumständen, deren Weiterungen noch kaum auslotbar sind.

Fünf Jahre vor der hier vorgestellten Studie, am 8. Dezember 1953, hielt Präsident Eisenhower vor der UNO-Vollversammlung seine berühmte „Atome-für-den-Frieden"-Rede, in der er die Einrichtung der Internationalen Atomenergie-Behörde vorschlug und den nuklearen Geist aus der Flasche für friedliche Zwecke einzubinden hoffte. Wie könne man noch von militärischen „Siegen" sprechen, die in der möglichen Zerstörung des Planeten endeten, rief der tief bewegte Präsident? Wörtlich fuhr er fort: „Will sich irgend jemand mit solch einer Degradation des Humanum in die Geschichte einschreiben? Mein Land steht für das konstruktive Prinzip, nicht für das destruktive."

Es ist von trauriger Ironie, dass dieser Idealismus, der mit dem Ende des Kalten Krieges endlich seine Stunde für gekommen sah, sich durch den internationalen Terrorismus vor neue Herausforderungen seiner Haltbarkeit gestellt sieht.

*Thomas Kielinger*, London, im August 2002

# Einführung

Die einfache Aufgabe bei diesem Buch bestand darin, das Weltuntergangs-Szenario zu finden. Weitaus schwieriger war die Aufgabe, es zum Leben zu erwecken. Mein erster Dank geht daher an das Energieministerium des Staates Nevada und dort vor allem an Jeff Gordon im Koordinations- und Informationszentrum. Fünf Mal begleitete er mich in dieses Archiv in North Las Vegas und half mir dabei, Fotos und Textstellen zu finden, die diesen Report ergänzten.

Ich muss mich auch bei meiner Frau Jill Johnson Keeney bedanken, die mehrere Entwürfe dieses Buchs las und mir immer wieder aus der Klemme half. Dank auch an meine beiden Söhne Alex und Dougo. In dieser Zeit sind Computer in allen Haushalten selbstverständlich, und während des Schreibens belegte ich den größten Teil des Computers mit Beschlag.

Und natürlich bedanke ich mich bei Stephen Schwartz, der mich vier Jahre lang mit nuklearen Fakten vertraut gemacht hat.

Das „Emergency Plans Book“ wurde in den National Archives, Archives II, Silver Springs, Maryland, entdeckt.

## Die Fotos

Der Probeschuss eines nuklearen Sprengkörpers verlangt einen militärischen und wissenschaftlichen Aufwand, der dem eines kleinen Kriegs gleich kommt. In einigen Fällen benötigte man mehr als 10.000 Soldaten des Heeres, der Marine und der Luftwaffe um eine Hand voll Bomben abzufeuern. Bei der „Operation Castle“ zum Beispiel, einer der vergleichsweise wirtschaftlichen Operationen im Pazifik bei den Marshall-Inseln, waren Flugzeugträger, Hubschrauber, Zerstörer, Bomber sowie Kampfflugzeuge im Einsatz. Sie wurden unterstützt von zahllosen kleinen Schiffen und Frachtflugzeugen. Sie bereiteten das Testgelände vor, bauten die Experimente auf, stellten die Transportmittel bereit, sorgten für die Sicherheit, lieferten Wettervorhersagen, bauten die Kasernen, kochten Mahlzeiten und stellten das Personal für eine derart große Truppe.

Teil dieser Truppe waren auch Kameramänner der zur Air Force gehörenden Lookout Mountain Laboratories mit Sitz in Hollywood, Kalifornien. Zwischen Juli 1945 und September 1992 wurden 1054 nukleare Sprengsätze gezündet und zwischen 1946 und 1962 insgesamt 166 Tests in der Atmosphäre durchgeführt – 66 in Nevada, 100 im Pazifik. Dabei entstanden Hunderttausende – wenn nicht noch mehr – Fotos, die die Explosionen selbst und ihre Folgen dokumentierten. Leider sind bis heute nur wenige davon freigegeben worden. Die freigegebenen Aufnahmen befinden sich nicht immer in einem guten Zustand. Einige waren nur als digitale Aufnahmen mit einer niedrigen Auflösung erhältlich (der Prozess der Freigabe begann in der Nach-Internet-Phase). Bei anderen handelt es sich um alte Drucke, die bereits unter Alterserscheinungen leiden. Doch sie sind zumeist die einzigen Dokumente der Explosionen, und daher muss man sie veröffentlichen. Deshalb ist die Qualität der in diesem Buch abgedruckten Abbildungen sehr unterschiedlich. Daran konnte nur wenig geändert werden. Auf jeden Fall haben wir uns die beste Qualität gesichert.

Alle Fotos stammen aus der Sammlung des Autors, die vom Energie- beziehungsweise Verteidigungsministerium zur Verfügung gestellt wurden.

SECRET

*Ansicht einer Zehn-Megatonnen-Wasserstoffbombe aus einer Entfernung von rund 200 Kilometern. Dabei handelte es sich um eine Explosion während der Operation Ivy im Südpazifik.*

# Vorwort

*von Stephen I. Schwartz*

Indem Doug Keeney dieses Buch veröffentlicht, leistet er eine wichtige öffentliche Aufgabe. Obwohl das ursprüngliche „Emergency Plans Book“ inzwischen älter als 40 Jahre ist und auf eine längst vergangene Zeit verweist, hilft es uns, die Motivation der amerikanischen Regierung zu verstehen, die zahllose Stunden, damit verbracht hat, darüber nachzudenken, wie man mit dem Undenkbaren fertig werden könnte. Gleichzeitig beleuchtet dieses Dokument auch die außergewöhnlichen Anstrengungen der Regierung nach den Terrorattacken vom 11. September 2001 auf das World Trade Center und das Pentagon.

Während des Kalten Krieges gaben die USA mehr als 45 Milliarden Dollar aus, um die wichtigsten Regierungsbeamten und die Bevölkerung im Falle eines nuklearen Angriffs zu schützen. Mit dem Geld wurden Filme und Broschüren finanziert, mit denen die Bevölkerung aufgeklärt wurde, wie sie die Auswirkungen eines nuklearen Angriffs und dessen Folgen mindern konnte. Auch der Bau geheimer Anlagen für die Regierung wurde aus diesen Mitteln bestritten. Diese Anlagen wurden nicht zuletzt mit dem Weltuntergangsszenario, das Sie in Ihren Händen halten, gerechtfertigt.

Während des Kalten Kriegs hatte die Sicherung der Regierungsfunktionen eine überragende Bedeutung Seit Harry Truman hat jeder Präsident beachtlich viel Zeit und Geld investiert, um auf einem Atomkrieg vorbereitet zu sein. Neben den sichtbaren Offensivwaffen, die das öffentliche Rückgrat der amerikanischen Militärmacht darstellten, wurden einige Verteidigungsmaßnahmen – öffentlich, andere im Geheimen – eingeleitet. Als das Buch entstand, verfügten die Vereinigten Staaten über 6000 Atomwaffen. Die Sowjetunion auf der anderen Seite besaß weniger als 700 einsetzbare Atomwaffen.

Obwohl die Sowjets noch 20 Jahre benötigten, um mit dem amerikanischen Waffenarsenal gleichzuziehen, sah die Weltlage im Jahr 1958 Besorgnis erregend aus. Das „Emergency Plans Book" wurde sechs Monate nach dem Start des sowjetischen Sputnik verteilt. Dies war eine erstaunliche technologische Leistung für ein Land, das der Westen für technisch unterentwickelt hielt. Sputnik alarmierte die amerikanischen Wissenschaftler, Politiker und Militärs gleichermaßen. Sie begriffen, dass, wenn eine Rakete einen Satelliten in den Weltraum transportieren konnte, sie auch eingesetzt werden könnte, um Atombomben auf die USA zu werfen. Plötzlich war Amerika ein Ziel für Langstreckenraketen geworden.

Bereits im Jahr 1949, nach dem ersten sowjetischen Atomtest, entstanden erste Befürchtungen, die Sowjets könnten die Vereinigten Staaten außer Gefecht setzen. Der Test mag Politiker und Militärs überrascht haben – die Wissenschaftler waren es weniger. Sie hatten nach dem Ende des Zweiten Weltkriegs bereits vorhergesagt, dass die Sowjets innerhalb von vier Jahren Nuklearmacht werden könnten. Diesem beunruhigenden Ereignis folgte bald die kommunistische Revolution in China, der Koreakrieg, die Aufdeckung kommunistischer Spione (Julius und Ethel Rosenberg sowie Klaus Fuchs), die Angst vor kommunistischer Einflussnahme auf die amerikanische Regierung und 1953 schließlich der erste sowjetische Test einer Wasserstoffbombe.

Für die amerikanische Führungsmannschaft schien der Ausbruch des Dritten Weltkriegs nur noch eine Frage der Zeit zu sein. Daher begann man sich auf das

Schlimmste vorzubereiten. Das „Emergency Plans Book" ist eine dieser Anstrengungen. Es erklärt Fakt für Fakt, wozu die Sowjetunion in der Lage war, welche konkreten Folgen ein nuklearer Angriff auf die amerikanische Gesellschaft haben würde, und welche längerfristigen Konsequenzen eintreten würden. Dass es danach 40 Jahre lang geheim gehalten wurde (und kurz nachdem es Doug 1998 in den National Archives entdeckt hatte, wieder der Geheimhaltung unterlag), zeigt wie sensibel diese Thema war und ist.

Bereits 1958 beurteilten die Verantwortlichen die Fähigkeit der Vereinigten Staaten, einem nuklearen Angriff zu widerstehen, eher pessimistisch. Atomwaffen hatten eine derartige Zerstörungskraft, dass im Falle eines Angriffs nicht viel getan werden konnte, um die Auswirkungen zu mildern. Acht Jahre bevor das „Emergency Plans Book" verteilt wurde, stellte eine dem „National Security Council" (NSC) vorgelegte Studie fest, dass bereits 16 entsprechend ausgerichtete Waffen die Regierungstätigkeit „auf das Ernsteste unterbrechen" könnten. Trotz der immensen Ausgaben änderte sich an diesem Befund in den sechziger, siebziger und achtziger Jahren kaum etwas. Das fundamentale Problem bestand darin, dass es zu viele Waffen und zu wenige kritische Ziele gab.

Gleichzeitig bedachte man verschiedene Methoden, um die Öffentlichkeit zu schützen. Doch kostspielige Pläne, Schutzräume in großer Zahl zu bauen, wurden regelmäßig von den Präsidenten (die eine nationale Panik vermeiden wollten), dem Kongress (dem der Preis zu hoch war) und den Militärs (die es sinnvoller und preiswerter fanden, das Geld in Waffen zur Abschreckung oder – wenn nötig – Kriegführung zu investieren) abgelehnt. Und mit der Erfindung der Wasserstoffbombe war es ohnehin nicht mehr möglich, den Angriff in einem städtischen Schutzraum zu überleben. Einer der Verantwortlichen, der zwischen 1953 und 1957 in der Zivilverteidigung tätig war, beschrieb, dass sich die Überlegungen von „Schutz und Deckung“ in Richtung „Lauf so schnell Du kannst“ verschoben.

Zwar wurden die zahlreichen Anlagen der Regierung während des Kalten Krieges nie für ihren eigentlichen Zweck aktiviert (sie hätten einen direkten Angriff auch gar nicht überstanden), einige von ihnen wurden aber am 11. September und in der Zeit danach genutzt. Tatsächlich führte die Regierung direkt nach den Angriffen auf das World Trade Center und das Pentagon Pläne aus, die eigentlich für den Fall eines Atomkriegs vorgesehen waren.

Die dramatischste Maßnahme war die Entscheidung des North American Aerospace Defense Command (NORAD) und der Federal Aviation Administration (FAA), alle zivilen Flugzeuge mit einem Startverbot zu belegen. Von 9.25 Uhr (Eastern Daylight Time) an durfte kein Flugzeug mehr starten, und jene, die bereits in der Luft waren, mussten umkehren oder auf dem nächst gelegenen Flugplatz landen. Um 14.07 Uhr waren alle Flugzeuge auf dem Boden und um 17.30 Uhr waren auch alle internationalen Flüge abgebrochen. Bis zum 13. September blieben die Flugzeuge dort.

Dabei gingen die Verantwortlichen nach dem so genannten Plan „Security of Air Traffic and Navigation Aids“ (SCATANA) vor, der in den sechziger Jahren ausgearbeitet worden war, um auf einen Atomangriff der Sowjets zu reagieren. So wollte man den Himmel für die amerikanischen Bomber, Raketen und Abfangjäger sowie fliegende Einsatzzentralen und Tankflugzeuge frei machen. Bis zum 11. September war SCATANA nie durchgeführt worden. Lediglich im Jahre

1979 führte ein Fehlalarm der NORAD zu einer teilweisen Durchführung der Maßnahmen.

NORAD gab ungefähr fünf Stunden, nachdem der Flug 11 der American Airlines in den Nordturm des World Trade Centers gerast war, eine „Meldung an die Piloten“ heraus. Obwohl alle zivilen Flugzeuge am Boden standen, wurden die Navigationshilfen nicht, wie im Falle eines Atomangriffs vorgesehen, ausgeschaltet, um so den internationalen Flügen ein sicheres Landen zu ermöglichen.

Am 11. September wurden ebenfalls zum ersten Mal die Pläne zur ständigen Regierungsbereitschaft (CoG) in die Tat umgesetzt. Kurz nachdem er die Angriffe auf New York auf seinem Fernseher im Weißen Haus verfolgt hatte, wurde Vizepräsident Dick Cheney vom Secret Service in das Notfallzentrum des Präsidenten, einem Bunker unterhalb des Ostflügels des Weißen Hauses, evakuiert. Nachdem er dort eingetroffen war (mit ihm waren die Sicherheitsberaterin Condoleeza Rice, Verkehrsminister Norman Mineta und einige andere Beamte), nahm er über eine abhörsichere Telefonleitung Kontakt mit Präsident Bush auf, der in Sarasota, Florida, eine Grundschule besuchte. Später berichtete Cheney in der NBC-Sendung „Meet the Press“ am 16. September, dass er den Präsidenten „dringend geraten“ habe, seinen Abflug zu verzögern, weil man befürchtete, dass ein Angriff auf Washington D.C. bevorstand. Diese Annahme wurde durch einen Anruf beim Secret Service noch verstärkt, in dem fälschlicherweise angedeutet wurde, dass Air Force One ein weiteres Ziel gewesen sei.

Bush bestieg dann Air Force One und startete, während die Verantwortlichen noch versuchten herauszufinden, was eigentlich genau geschehen war. Zeitweise überlegte der Secret Service, den Präsidenten in das

NORAD-Hauptquartier im Cheyenne Mountain in der Nähe von Colorado Springs, Colorado, zu dirigieren. Nach einem Aufenthalt von zwei Stunden in der Barksdale Air Force Base in der Nähe von Bossier City, Louisiana (Sitz des alternativen amerikanischen strategischen Hauptquartiers, Stratcom), wo er eine innerhalb kürzester Zeit vorbereitete Rede verlas, flog Air Force One zur Offutt Air Force Base bei Omaha, Nebraska. Während der ganzen Zeit war er über abhörsichere Kommunikationsmittel mit Vizepräsident Cheney, den militärischen Führern und den nationalen Sicherheitsrat verbunden. Am Abend schließlich erreichte er endlich Washington D.C.

Am 11. September wurden die amerikanischen Truppen weltweit in die Verteidigungsposition DefCon 3 versetzt. Dies bedeutete erhöhte Alarmbereitschaft, und dass sich die Soldaten auf Krieg einstellen sollten. DefCon ist in fünf Stufen eingeteilt, wobei Stufe 5 Frieden und DefCon 1 maximale Kampfbereitschaft bedeutet. Es ist daher durchaus wahrscheinlich, dass die fliegenden Befehlszentralen, einschließlich jener in Omaha Nebraska (Spitzname „Looking Glass") für den Start vorbereitet wurden. Es ist ebenfalls wahrscheinlich, dass die besonders ausgerüstete fliegende Befehlszentrale, das so genannte National Airborne Operations Center (NAOC, Spitzname „Night Watch") bereit stand. In der Tat deutet der Umweg über Omaha an, dass die Verantwortlichen zumindest überlegten, den Präsidenten von Air Force One in die fliegende Befehlszentrale zu verlegen, in der er 72 Stunden lang aus der Luft die militärische Antwort hätte führen können.

Aus dem Bunker des Weißen Hauses heraus, befahl Cheney die Evakuierung aller Personen, die das Gesetz als mögliche Nachfolger des Präsidenten vorsah. Dazu gehörten der Sprecher des Repräsentantenhauses, Dennis Hastert (ein Republikaner aus Illinois), der augenblickliche Vorsitzende des Senats, Robert C. Byrd (ein Demokrat aus West Virginia) und das gesamte Kabinett mit Ausnahme von Verteidigungsminister Donald Rumsfeld, der im Pentagon blieb und der Rest der Kongress-Führungsmannschaft. Die anderen Kongressmitglieder wurden lediglich aufgefordert, ihre Büros zu verlassen. Der Secret Service versuchte mindestens zwei Mal, Cheney davon zu überzeugen, zu gehen, doch „ich wollte den Knotenpunkt, den wir aufgebaut hatten, nicht verlassen. Hier liefen alle Kommunikationsleitungen zusammen und wäre ich gegangen, hätte alles neu aufgebaut werden müssen. Daher hielt ich es für richtig, im Weißen Haus zu bleiben."

Hastert und vermutlich alle anderen, die sich in Washington aufhielten, wurden an vorbestimmten Punkten von für diesen Fall bereit stehenden Hubschraubern der Marines abgeholt und in eine „sichere Anlage" gebracht. Dabei handelt es sich vermutlich um den Bunker der Federal Emergency Management Agency (FEMA), der als so genannte High Point Special Facility oder „SF" bekannt ist. Er befindet sich im Mount Weather in der Nähe von Berryville, Virginia, ungefähr 48 Meilen oder 20 Flugminuten von Washington D.C. entfernt. Hohe Beamte, die sich nicht in Washington aufgehalten hätten, wären in einer der zahlreichen Anlagen für Notfälle in anderen Teilen des Landes gebracht worden. Nach Angaben eines ehemaligen Beamten des Militärbüros des Weißen Hauses aus dem Jahr 1980 gab es ungefähr 75 derartige Anlagen. Die Untergrundanlage von Mount Weather, an der vier Jahre gebaut wurde, und die 1958 nach Ausgaben von mehr als einer Milliarde Dollar fertig gestellt worden war, umfasst insgesamt 55.700 Quadratmetern. In dieser unterirdischen Stadt, die für mehrere

Tausend Menschen ausgelegt ist, befinden sich ein Krankenhaus, mehrere Restaurants und Freizeitanlagen, Schlafgelegenheiten, eine Notstromversorgung, ein Radio- und Fernsehstudio sowie eine direkte Verbindung ins Weiße Haus und Tanks für gut zwei Millionen Liter Wasser und ein Krematorium. High Point war bis zum 11. September nur einmal, am 9. November 1965, während eines Stromausfalls an der Ostküste der USA aktiviert worden.

Bis 1995 stand den Kongressmitgliedern und den wichtigsten Beamten der geheime Bunker „Casper", später „Greek Island", 20 Meter unter der luxuriösen Ferienanlage von Greenbrier in White Sulphur Springs, West Virginia, zur Verfügung. In dieser 10.400 Quadratmeter großen Anlage standen den Bewohnern eine vollständig eingerichtete Klinik, ein Fernsehstudio, Dekontaminierungsduschen und eine Müllbeseitigung für „pathologische Überreste" zur Verfügung. In dem für 1000 Personen (die sich dort zwei Monate lang aufhalten konnten) geplanten Bunker, der mittels eines 20 Tonnen schweren Tors verschlossen war, gab es jeweils einen Sitzungsraum für das Repräsentantenhaus und den Senat sowie einen Raum für gemeinsame Sitzungen. Nachdem die Existenz des Bunkers 1992 im Magazin der „Washington Post" bekannt gemacht worden war, wurde er 1995 außer Dienst gestellt und ein Jahr später der Öffentlichkeit zugänglich gemacht.

Einige der am 11. September evakuierten Verantwortlichen können aber auch in die „Site R", das Ausweich-Kommunikationszentrum gebracht worden sein. Seit 1953 ist „Site R" das „Ersatz-Pentagon". Auf 74.300 Quadratmeter befinden sich beste Computer- und Kommunikationsanlagen, ein Wasserreservoir, eine Kapelle und Platz für 3000 Menschen. Die Anlage befindet sich im Raven Rock Mountain, ungefähr zehn

Kilometer von Camp David entfernt, an der Grenze zwischen Pennsylvania und Maryland. Auch nachdem andere Anlagen in den neunziger Jahren eingemottet worden waren, stand „Site R“ als Teil des Programms der Regierungsbereitschaft weiter bereit. 1997 sollen dort noch 500 Soldaten und zivile Beamte stationiert gewesen sein. Allerdings nicht in 24-Stunden-Schichten – die endeten bereits im Februar 1992.

Während des Kalten Kriegs hatte jede Regierungsbehörde ihre eigene Notfallanlage für den Fall eines Atomkriegs. Sie bildeten einen Bogen um Washington D.C. und waren, so hoffte man, weit genug von der Hauptstadt entfernt, um einer direkten Zerstörung zu entgehen und nahe genug, um eine zügige Evakuierung der wichtigsten Beamten zu gestatten. Die leitenden Beamten des Finanzministeriums arbeiteten am 11. September ebenso von ihrer Notfallanlage aus, wie ihre Kollegen der Atombehörde, und wahrscheinlich befanden sich dort auch Verantwortliche aus anderen Ämtern. Das Magazin „U.S. News and World Report“ berichtete, dass noch zwei Monate später Teams der meisten Regierungsbehörden in ihren Notfallanlagen arbeiteten. Hätte es sich bei den Ereignissen des 11. September um mehr als vier entführte Flugzeuge gehandelt, wären weitere Notfallpläne eingesetzt worden. Seit Jahrzehnten (und wahrscheinlich auch noch heute) hat die amerikanische Post Vorschriften, wie man Post behandelt und dekontaminiert, wie man Postkarten mit Adressenänderungen an die Überlebenden eines Atomkriegs verteilen soll und dass man Briefmarken verbrennen muss, damit sie nicht „in feindliche Hände fallen“. Und das Finanzamt veranstaltete Übungen, wie man nach einem Atomangriff Steuern schätzen und kassieren kann.

Die Angst und auch die Unsicherheit über die weiteren Pläne der Terroristen sowie den Aufenthaltsort möglicher Komplizen und Sorgen über die Sicherheit des Präsidenten veranlassten Vizepräsident Cheney, seine Abende und vermutlich auch einige Tage in Camp David zu verbringen, wo es ebenfalls einen – allerdings ziemlich einfachen – Bunker gibt. Nach einem Fernsehbericht verbrachte Cheney auch einige Zeit in „Site R" in diesen unsicheren Tagen. Noch am 20. September, als Präsident Bush vor den Kongress trat und seine Rede an die Nation hielt, hielt sich Cheney aus Sicherheitsgründen an einem anderen Ort auf. Zum ersten Mal fehlte ein Vizepräsident bei einer gemeinsamen Sitzung von Senat und Repräsentantenhaus. Seinen Platz nahm Senator Byrd ein. Auch der Mehrheitsführer, Richard Armey (Republikaner aus Texas), blieb dem Ereignis auf Bitten der Sicherheitsleute fern.

Selbst noch einen Monat später verbrachte der Vizepräsident beachtlich viel Zeit an einem „unbekannten Ort". In einem Interview mit Jim Lehrer vom Public Broadcasting System erklärte Cheney, der gerade nach einem viertägigen Aufenthalt in einer geheimen Anlage nach Washington zurück gekehrt war, am 12. Oktober: „Wir hatten einen Punkt erreicht, nachdem Washington am 11. September angegriffen worden war, an dem klar wurde, dass es keine gute Praxis für den Präsidenten und mich war, viel Zeit zusammen zu verbringen." Obwohl Cheney nicht erklärte, wo er sich aufgehalten hatte, erklärte er, dass „wir im Laufe der Jahre sichere Anlagen gebaut haben, die sich jetzt als sehr nützlich erweisen."

Wie gut das alles funktionierte, ist unbekannt und unterliegt allerhöchster Geheimhaltung.

Obwohl es immer noch Evakuierungsübungen für die wichtigsten Beamten gibt, und obwohl die Communication-Agency des Weißen Hauses und die FEMA den Aufenthaltsort aller möglichen Präsidentennachfolger ermittelt, dürfte es sicherlich einige Probleme gegeben haben, alle Personen zu finden und die Ausrüstungen und Kommunikationsmittel ans Laufen zu bringen.

Hätten diese Pläne angesichts des im „Emergency Plans Book" augebreiteten Szenario funktioniert? Die realistische Antwort ist wohl ein klares Nein. „Regierungskontrolle ist ernsthaft gefährdet, und die zentrale Steuerung des Bundes ist so gut wie nicht existent", sagen die Dokumente. „Washington war derart zerstört, dass keine Operationen möglich sind. ... Wegen des starken radioaktiven Niederschlags überlebte niemand vom Personal an einigen wenigen Notfallanlagen. ... Das gesellschaftliche Gewebe hat aufgehört zu existieren ... und gewöhnliche Kontrolle und Lenkung sind nicht mehr existent."

Bud Gallagher, von 1967 bis 1992 Direktor von Mount Weather, meinte in einem Interview mit dem Magazin „Time": „Über die ganzen Jahre haben wir so getan, dass wir einen Atomangriff in den Griff bekommen könnten. Ich glaube nicht, dass die Menschen, auch nicht die Top-Leute in der Regierung, eine Idee haben, was Tausende von Megatonnen-Atombomben in den USA auslösen würden. Wir wären wieder in der Steinzeit. Es ist undenkbar." Präsident Eisenhower hatte angesichts der Schwere des Problems keine Illusionen. Er erklärte im Jahr 1956 seinem Kabinett, dass „eine Regierung, die irgendwie weiter machen würde, so etwas wie der Einäugige in einem Land von Blinden sein wird."

Während die Regierungsbereitschaft am 11. September offensichtlich gut funktionierte, führte die Evakuierung aller Bundesgebäude und vieler privater

Büros in New York City, Washington D.C., Chicago und anderen Städten zu riesigen Staus, die den Verkehr teilweise einige Stunden lang zum vollständigen Erliegen brachten. Dies zeigte zugleich ein für allemal, wie unrealistisch und aussichtslos die zivilen Verteidigungspläne waren, die von Regierungsbeamten in den fünfziger bis in die achtziger Jahre hinein entworfen worden waren. Sie sahen als bestes Mittel gegen einen Atomangriff die Evakuierung der Städte in die ländlichen Gegenden der Umgebung vor. Nun ist klar, dass es keine wirkungsvolle Verteidigung gegen einen Atomangriff geben kann.

Dennoch ist es zu einem gewissen Maß tröstlich zu wissen, dass die bisher nutzlos erscheinenden Anlagen im Kampf gegen den Terror ihren Zweck erfüllten. Und dennoch ist die Frage berechtigt: Wenn so viele Anstrengungen unternommen werden und Geld ausgegeben wird, um die Regierung zu schützen und so wenig in den Schutz der Bevölkerung investiert wird – wen gibt es dann noch, den man regieren kann, wenn es tatsächlich zu einem vernichtenden Angriff auf die Vereinigten Staaten kommt?

*Stephen I. Schwartz ist Herausgeber des „Bulletin of Atomic Scientists“ sowie Redakteur und Co-Autor von „Atomic Audit: The Costs and Consequences of U.S. Nuclear Weapons Since 1940“ (Brookings Institution Press, 1988).*

*Operation Hardtrack. So würde es in einem Hafen bei der ersten Angriffswelle aussehen. Es war nicht ungewöhnlich, dass die Wasserfontänen bei einer Unterwasserexplosion bis zu 1,6 Kilometer in die Luft stiegen.*

## Einleitung

In seinem 1957 geschriebenen Klassiker „On the Beach" beschreibt Nevil Shutes das qualvolle Ende der Welt. Die Geschichte spielt nach dem Ende des Dritten Weltkriegs. Nach einem furchtbaren Atomkrieg ist die nördliche Hemisphäre zerstört, die Strahlung breitet sich langsam auf die südlichen Breiten aus und zerstört dabei jegliches Leben. Ein amerikanisches U-Boot hat sich zwar in Australien in Sicherheit gebracht, doch als sich auch dort das Ende abzeichnet, kehrt die Mannschaft in Richtung Heimat um. Das U-Boot durchquert die Ozeane und erreicht die Westküste der USA. In einem der letzten Kapitel taucht der Kapitän vor einem kleinen Fischerort auf und ankert. Durch sein Periskop sieht er gespenstisch leere Straßen, doch in den Fenstern der Häuser ist noch Licht, und hin und wieder geben die Radios Signal wieder. Diese Kleinstadt wurde von der Zerstörungskraft der Bomben verschont, doch die Strahlung hat ihr die Unschuld genommen. Wie im Rest der USA sind alle Bewohner gestorben.

Am Höhepunkt des Kalten Kriegs ergriff Amerika eine Furcht, an die ich mich noch gut erinnern kann, obwohl ich damals noch ein kleines Kind war. Es war das Gefühl, eine hilflose Geisel eines Schicksals zu sein. Es war die Angst eines überraschenden atomaren Angriffs der Sowjets auf die Vereinigten Staaten. Wobei ein Überraschungsangriff an sich nicht sonderlich alarmierend war. Überraschung ist nun einmal die Natur des Krieges. Der schwer zu begreifende Teil war der Einsatz nuklearer Waffen. Würden sie eingesetzt, und man nahm allgemein an, dass dies der Fall sein würde, dann hatte die durchschnittliche amerikanische Familie kaum eine Chance zu überleben. Dies wurde in einem Satz des Abschlussberichts des Manhattan-Projekts kurz vor dem ersten Atomtest zusammengefasst: „In keiner anderen Art der Kriegführung liegt der Vorteil so deutlich beim Angreifer."

Um die Aggression in Maßen zu halten, bestand der Hochseilakt im Kalten Krieg darin, die andere Seite davon zu überzeugen, dass selbst im Falle eines atomaren Angriffs noch genügend Kräfte für einen zerstörerischen Gegenschlag überleben würden. Dieses Konzept trug den Namen „Mutually Assured Destruction" (MAD). Der Schlüssel für diese Strategie bestand freilich darin sicher zu stellen, dass wir überleben würden. Dieses Konzept war für das „Strategic Air Command" (SAC) und die amerikanischen Bodentruppen in Europa von derart überragender Bedeutung, dass man sich bis 1989 daran orientierte.

Dass Amerika ein Szenario für den Weltuntergang hatte, ist bekannt, doch bisher ist keine Kopie davon veröffentlicht worden. Stattdessen überließ man Hollywood-Regisseuren und Autoren wie Shute die Beschreibung, wie die Welt enden würde. Im Spätsommer 1998 kündigten die National Archives in Washington D.C. allerdings die Freigabe von Dokumenten aus dem Bereich des Luftwaffenministeriums an, die bis dahin geheim waren. Als Autor, der häufig die beachtlichen Ressourcen des Archivs genutzt hatte, war ich entsprechend gespannt. Neue Dokumentengruppen öffnen oftmals die Türen zu einem neuen geschichtlichen Verständnis von Ereignissen. In diesem Fall handelte es sich um die Ära des Kalten Krieges, und daher war einiges zu erwarten.

Mit diesen Gedanken flog ich nach College Park, Maryland, wo sich die frei gegebenen Dokumente befanden, und begann meine mehrtägigen Nachforschungen. Ich bat um die Unterlagen aus dem Jahr 1956 und arbeitete mich durch einen Berg von Briefen, Berichten und Memoranden, die bisher alle geheim waren. Am dritten Tag entdeckte ich einen Ordner mit dem Titel „The Emergency Plans Book". Er trug einen Geheimstempel und war vom stellvertretenden Verteidigungsminister für die Notfallplanung verfasst worden. Es stammte aus dem Jahr 1958. Das „Emergency Plans Book", so das Vorwort, war die „jüngste und einzig gebilligte Anleitung für die Ministerien und Behörden", nach der eine Mobilisierung „im Falle eines direkten Angriffs auf die USA" geplant werden sollte. Weiter hieß es, dass die Anleitung vom „Nationalen Sicherheitsrat gebilligt worden war." Kopien gingen an die höchsten juristischen und militärischen Instanzen, einschließlich des Direktors der „National Security Agency", dem Vorsitzenden des Generalstabs, dem „General Counsel" der Vereinigten Staaten und den Ministern des Heeres, der Luftwaffe und Marine.

Während ich das Dokument las, begriff ich, dass es sich bei dem Buch mit dem nüchtern klingenden Titel „The Emergency Plans Books" in der Tat um das lange gesuchte Szenario für den Weltuntergang handelte. Mein Puls beschleunigte sich, und ich bat sofort um einen Freigabeaufkleber, befestigte ihn auf einem Kopierer und machte eine vollständige Kopie. Gut, dass ich das getan hatte, denn als ich 1999 in das Archiv zurückkehrte, waren die Dokumente entfernt worden. Ein mit den Umständen vertrauter Archivar berichtete, dass ein „hochrangiger Oberst der Air Force" einen Teil des Materials gelesen hatte und ihn sofort wieder als geheim eingestuft hatte. Dieses bemerkenswerte Dokument befindet sich nun wieder im achten Stockwerk der Silver-Springs-Anlage, zu dem nur diejenigen Zutritt haben, die über eine entsprechende Erlaubnis verfügen. Das Weltuntergangs-Szenario ist wieder geheim – bis auf diese eine Kopie.

Das „Emergency Plans Book“ ist ein militärisches Szenario. Es beschreibt einen sowjetischen Atomangriff aus der Luft, von See aus und mittels ballistischer Raketen. Es verschweigt keinen Aspekt der dadurch verursachten Zerstörung. Trotz der Nike- und Ajax-Raketenbatterien, die damals um die wichtigsten Städte platziert waren, und trotz der hoch gelobten Abfangjäger, die an den Grenzen der USA stationiert waren, besagt das Szenario, dass eine beachtliche Zahl feindlicher Kräfte die Verteidigungslinien überwinden, ihre Ziele erreichen und die Bomben abwerfen würden. Kilotonnen- und Megatonnenbomben würden danach in den Industrie-, Verkehrs-, Kommunikations- und Finanzzentren der Nation einschlagen. Das Land würde unter einem Nebel von Staub verschwinden, und die frei gesetzte Strahlung nur rudimentäre Überreste der Gesellschaft und der Regierung überleben lassen. Das „Emergency Plans Book“ geht davon aus, dass „12.500.000 Menschen unter den Folgen der Explosionen leiden und eine direkte Behandlung benötigen“. Die überlebenden Arbeitskräfte sind, so das Szenario, zu einem großen Teil damit beschäftigt, „die große Zahl der Toten zu entsorgen“. Die Häfen wären voll mit gesunkenen Schiffen und wir wären eine Nation, deren Menschen verzweifelt nach Essbarem suchten, und in der die Krematorien rund um die Uhr arbeiten.

Natürlich schlagen wir zurück. Nach dem Szenario beschäftigen unsere Truppen den Gegner an allen Fronten. Dennoch ist der hier beschriebene atomare Austausch praktisch das Ende der Welt.

Wie bei allen militärischen Dokumenten sind Begriffe von größter Bedeutung, und ihre Bedeutung muss genau verstanden werden. Wenn zum Beispiel die Rede davon ist, dass die Sowjets eine Megatonnen-Waffe (gegenüber einer kleineren Kilotonnenwaffe) einsetzen, bedeutet dies, dass die Sowjets eine hoch entwickelte Waffe einsetzen würden, über die wir noch nicht verfügten. Mit unseren thermonuklearen Waffen waren wir den Sowjets angeblich um fünf Jahre voraus, dennoch geht das Szenario von anderen Voraussetzungen aus. Aufschlussreich ist auch der vorsichtig beschriebene Teil über die Möglichkeit, dass die Sowjets insgeheim atomare Waffen innerhalb der USA platzieren könnten – eine Angst erregende Vorstellung, die besagt, dass das Pentagon bereits 1958 die Aktivierung von so genannten Schläfern als Mittel der Infiltration vorhersah.

Glücklicherweise endete die Bereitschaft der Regierung nicht mit dem „Emergency Plans Book". Ein Ergebnis waren die so genannten Pläne für die Weiterführung der Regierung (CoG). Die Ursprünge reichen bis in die Präsidentschaft Harry Trumans zurück. Von den späten fünfziger bis Anfang der siebziger Jahre ging man von der Annahme aus, dass ein zerstörerischer Angriff auf die USA ein atomarer sein musste, und daher war die Fortführung der Regierung zwar zweifelhaft, aber nicht unmöglich. Der Schlüssel lag darin, vorbereitet zu sein – sowie entsprechende Pläne und Schutzräume zum Überleben bereit zu halten. Daher wurden zwischen 1958 und heute Milliarden von Dollar ausgegeben, um einige Hundert Räumlichkeiten für die Regierung zu schaffen. Einige dieser Bunker befanden sich tief in Bergen, andere unter den Gebäuden, die als bevorzugte Ziele galten. Unter dem Weißen Haus zum

Beispiel befindet sich ein Schutzraum, und in einer nahe gelegenen Garage lagert das Gerät, um den Präsidenten wieder auszugraben.

Aus Angst, diese Planungen könnten dem Feind helfen, gehören sie zu den am besten gehüteten Geheimnissen. Dennoch sind einige Informationen bekannt. So weiß man zum Beispiel, dass es besondere Pläne für die Fortführung der Regierung gab und gibt, die genau fest legen, wie der Präsident, der Vizepräsident sowie die wichtigsten Mitglieder des Kabinetts und die bedeutendsten Bundesbehörden ihre Amtssitze verlassen sollen und wie sie vor den Angriffen an sichere Orte gebracht werden. Hier sollten sie dann ihre Aufgaben wieder übernehmen. Andere Pläne kümmerten sich auch um vermeintlich Nebensächliches – zum Beispiel wie die Post Straßen neu benennen würde, die gar nicht mehr existierten und wo die Bundesbank einen Vorrat an frisch gedrucktem Geld aufbewahren sollte. Der wichtige Punkt ist jedoch, dass der Plan zur Fortführung der Regierung seinen Ursprung im Weltuntergangsszenario hatte. So sollte die Regierung den „Tag danach" erleben.

Waren diese Pläne in der Lage, ihr Ziel zu erreichen? Wenn man das Vorwort gelesen hat, wird klar, dass die meisten Historiker mit Nein antworten. Die thermonukleare Bombe war eine derart zerstörerische und vielseitige Waffe, dass man selbst 1958 davon ausging, dass viele der Ausweichorte zerstört sein würden. Der Plan zur Fortführung der Regierung wurde während der Kubakrise 1962 aktiviert, doch aus der Krise wurde keine Konfrontation. Glücklicherweise ist Amerika während des Kalten Krieges niemals angegriffen worden. Doch Jahre später, als es zu einem kleineren, aber dennoch zerstörerischen Angriff kam, wurden einige Teile der Pläne in die Tat umgesetzt.

## 11. September 2001

Am 11. September 2001 erwachte das Weltuntergangsszenario auf einmal zum Leben. Mit Osama Bin Laden verbündete Terroristen griffen ohne jede Vorwarnung zivile Ziele und das Pentagon an. Die Terroristen hatten vollgetankte Boeing 757 und 767 in ihre Gewalt gebracht und in das World Trade Center und das Pentagon geflogen. Obwohl sie wenige Informationen hatten, hatte eine C-130 einen visuellen Kontakt, während die NORAD von Tyndall Air Force Base in Panama Coty, Florida, F-15- und F-16-Abfangjäger von der Air Force Base in Langley, Virginia, und Otis auf Cape Cod aufsteigen ließ. Doch obwohl sie mit anderthalbfacher Schallgeschwindigkeit unterwegs waren, blieb ihnen nicht genügend Zeit, um die Angriffe zu verhindern. Rauchwolken verdunkelten den Himmel über Washington und New York. Ein viertes Flugzeug stürzte in Pennsylvania auf eine Wiese. Dann gab es noch einen Bericht über ein fünftes Flugzeug. Standen weitere Angriffe bevor? Die Zerstörungen entsprachen dem Weltuntergangsszenario, und daher wollte man kein Risiko eingehen. Während die Amerikaner erschrocken vor ihren Fernsehern saßen, wurden die Pläne zur Fortführung der Regierung aktiviert. Der Präsident wurde in die Air Force One gebracht, die schnell abhob und zunächst von Miami in Richtung Jacksonville flog, doch dann, ganz im Sinne der Pläne, zur Barksdale Air Force Base für eine kurze Flugunterbrechung umgeleitet wurde. Von dort ging der Flug weiter zur Offutt Air Force Base in Nebraska, wo eine Anlage aus dem Kalten Krieg bereit stand. Hier befand sich früher das ehemalige Hauptquartier des Strategic Air Command, von wo aus zur Zeit des Kalten Kriegs der Gegenschlag geführt werden sollte. An diesem Ort verbrachte der Präsident einige Zeit in einem Bunker.

In Washington wurden unterdessen die Pläne zur Fortführung der Regierung aktiviert. Der Sprecher des Repräsentantenhauses, der augenblickliche Präsident des Senats und wichtigste Beamte wurden in sichere Anlagen gebracht. Das „Central Locator System" wurde ebenfalls aktiviert. Mitglieder der Bundesbank und alle wichtigen Regierungsbehörden gingen buchstäblich in den Bunker. Der Präsident und sein Vize erschienen einige Stunden lang nicht in der Öffentlichkeit. Präsident Bush erklärte später einige Male, dass er sich nur selten gemeinsam mit dem Vizepräsidenten in einem Gebäude aufgehalten hatte. Der Vizepräsident befand sich unterdessen, so berichtete die Presse, an „einem sicheren, unbekannten Ort". Der Präsident gab an, dass dies den Plänen zur Fortführung der Regierung entsprach.

Das „Emergency Plans Book" war das Fundament für die Notfallbereitschaft. Diese Pläne waren gleichfalls die Grundlage für das Überleben. Die wichtigsten Regierungsbeamten wurden, ganz den Plänen bei einem Atomangriff entsprechend, in ihre Schutzräume aus dem Kalten Krieg gebracht. Sie waren so kein Ziel mehr und befanden sich in Sicherheit. Die Demokratie wurde erhalten. Auf diese Weise wurde das Szenario aus dem Kalten Krieg plötzlich wichtig – und am 11. September sahen wir die Vorteile aus erster Hand.

### Die Pläne verstehen

Seitdem ich mir die Kopie des „Emergency Plans Book" gesichert hatte, habe ich wenig damit unternommen. Doch nachdem ich zu dem kleinen Kreis von Forschern gehöre, die Zugang zum Archiv des Luftwaffenministeriums haben, nehme ich an, dass ich vermutlich der einzige Zeitgenosse bin, der ein Exemplar besitzt. Die Nachricht über die Öffnung der Unterlagen war nicht breit gestreut worden. Ich entschloss mich, die Kopie einigen Freunden und Co-Autoren zugänglich zu machen. Es war wenig überraschend, dass sie mich aufforderten, sie zu veröffentlichen. Doch ich zögerte. Ich meinte, dass das „Emergency Plans Book" zu klein war für eine eigenständige Veröffentlichung und zu wichtig, um zwischen Anzeigen für Unterwäsche in einem Hochglanz-Magazin gebracht zu werden. Sollte es veröffentlicht werden, so als eigenständiges Werk, um so gelesen zu werden, wie ich es gelesen hatte und zwar ziemlich schmucklos. Doch ich war mir nicht sicher, wie ich das bewerkstelligen sollte.

Die Antwort hatte meine Frau, eine sehr begabte Journalistin, und Stephen Schwartz, der das Vorwort zu diesem Buch geschrieben hat. Steve, der den „Bulletin of the Atomic Scientists" herausgibt, ist vermutlich der kenntnisreichste Atomhistoriker des Landes. Er hat nicht nur Lobeshymnen für sein 1998 veröffentlichtes Buch „Atomic Audit" bekommen, er leitete auch die wissenschaftliche Untersuchung über die Kosten atomarer Bewaffnung der Brookings Institution. Meine Frau und Steve halfen mir auch, den Zusammenhang zwischen den Plänen zur Fortführung der Regierung, dem Plan-Buch und den Ereignissen des 11. Septembers zu erkennen.

Es gab aber auch eine Lücke. Als das Buch 1998 frei gegeben wurde, wurde der Teil mit dem Titel „militärische Auswirkungen" aus Gründen der nationalen Sicherheit ausgespart. Dieser fehlende Teil hätte, da bin ich sicher, die Größe und Anzahl der verschiedenen Gefechtsköpfe dokumentiert sowie Auskunft über ihre

Stationierung an Land, in der Luft oder zu Wasser gegeben. Die militärische Wirkung nuklearer Waffen ist jedoch an anderer Stelle veröffentlicht worden – vor allem durch das Energieministerium (DOE). Das Ministerium startete unter Minister Hazel O'Leary eine Öffentlichkeits-Kampagne, die zur Veröffentlichung Tausender Dokumente und Fotografien führte. Viele dieser Dokumente beschrieben die Auswirkungen auf dem Testgelände in Nevada (nördlich von Las Vegas) und auf den Marshall-Inseln.

Durch diese Fotos konnte ich die im „Emergency Plans Book" beschriebenen Schlachten visualisieren. Ich konnte die Auswirkungen einer Bombenexplosion auf Häuser, Fabriken und militärisches Material sehen. Ich konnte sowohl den Thermoschock verstehen wie auch die unter Wasser ausgelöste Welle oder die anderen nuklearen Auswirkungen, die nach den Vorstellungen des Buches unsere Nation heimsuchen würden. Ich habe einige der Fotos aus dem Archiv des Ministeriums ausgewählt, um das Verständnis des Buches zu erleichtern und gleichzeitig den fehlenden Teil zu ergänzen.

Einige Bemerkungen über das Material erscheinen mir angebracht. Zunächst widerstand ich bei der Vorbereitung der Veröffentlichung der Versuchung, irgendwo redigierend einzugreifen. Der Autor hat damals die beachtlichen sowjetischen militärischen Fähigkeiten ebenso berücksichtigt wie die Ausbildung ihrer Piloten, die Bereitschaft der SAC (damals in 15-minütiger Alarmbereitschaft), die Wirksamkeit unserer Gegenmaßnahmen, die Verwundbarkeit unserer Städte und militärischen Anlagen sowie der Ausweichorte im Falle eines Angriffs und beschreibt die Auswirkungen. Er spricht vom Verlust der Wälder, der Regionalisierung der Wirtschaft, der außerordentlichen medizinischen Krise, der Periode intensiver Strahlung und den furchtbaren Bedingungen, unter denen die Überlebenden während der Wiederaufbauperiode zu leiden hätten. Ich fand den Ton und die Struktur des ursprünglichen Dokuments in seiner Form schlicht unwiderstehlich. Daher änderte ich nichts am ursprünglichen Text. Es ist nicht Sensation heischend, sondern einfach an den Tatsachen orientiert. So sahen es die Insider. Sie lesen es so, wie es geschrieben wurde.

Ich habe allerdings ab S. 43 ff. Anmerkungen beigefügt (grau unterlegt). Sie sorgen, so glaube ich, für eine notwendige Klarstellung und verstärken in einigen Fällen Punkte, die ansonsten im Klang der starken Worte untergehen würden.

Schließlich habe ich einige Definitionen hinzugefügt. Das „Emergency Plans Book" wurde an eine ganze Reihe von ziemlich bemerkenswerten Zeitgenossen geschickt: Kabinettsmitglieder, Geheimdienste und an alle Teilstreitkräfte. Dennoch erklären sich nicht alle Bezeichnungen der Behörden. Das „Armed Forces Special Weapons Project" ist eine militärische Aufsichtsgruppe, die den Gebrauch nuklearer Waffen durch die vier Teilstreitkräfte – Army, Air Force, Navy und Marines – kontrollierte. Die Coast Guard verfügte niemals über Atomwaffen.

„Special Weapons" ist ein anderer Begriff, der der Klärung bedarf. Atombomben, Atomraketen, Atomtorpedos, Luft-Luft-Raketen und Artilleriegeschosse – kurz: alles Nukleare – sind „Special Weapons". Die Bezeichnung soll vermutlich andeuten, dass die Waffen nur unter ganz speziellen Umständen eingesetzt würden.

Und dann gibt es noch einen Begriff der verwirren kann: CONUS. Darunter versteht man die CONtinental United States.

**Perspektive Armageddon – von 1958 bis heute**

Die Notfallpläne in diesem Buch wurden 1958 abgesegnet, doch wir wissen, dass mindestens sechs Präsidenten seit Truman an diesem Szenario weiter gebaut haben, es den neuen Umständen und Bedrohungen angepasst haben. Die Präsidenten Eisenhower, Kennedy, Reagan, Carter, Clinton und George Bush, überwachten wichtige Notfallplanungen für den Kriegsfall und schufen oder modifizierten die Aufträge der Behörden, die mit den nationalen Plänen zur Fortführung der Regierung betraut waren. Dazu gehörte der „National Security Ressources Board" (1947 bis 1953) als erste Behörde. Heute ist dafür die „Federal Emergency Management Agency" (seit 1978) verantwortlich.

Auch wenn sich der Name änderte, diese Behörden hatten ein gemeinsames Ziel. Nach der Verordnung 12656 sollten sie „die Weiterführung der wichtigen (Bundes-)Funktionen im Falle eines nationalen Notfalls sicher stellen, indem sie dafür sorgen, dass die Regierungsfunktionen aufrecht erhalten werden und gesetzesgetreu im Notfall delegiert werden; dass die wichtigen Ressourcen, Anlagen und Dokumente gesichert werden; und Notfalleinrichtungen eingerichtet werden." Das traf im Kalten Krieg zu und auch in Zeiten des internationalen Terrorismus.

Zweifellos handelt es sich um ein düsteres Dokument. Glücklicherweise widerstanden die Militärs der Versuchung, derartige Szenarien mit Zuckerguss zu garnieren. Während die Öffentlichkeit von einer gewissen Naivität gekennzeichnet war und glaubte, man könne den Dritten Weltkrieg, so damals eine Broschüre der Zivilverteidigung, „in einem Bunker einen Meter unter der Erde überstehen", dachte Washington tatsächlich ganz anders. Unbeobachtet investierte man

Milliarden in den Bau von Schutzräumen für ein Amerika nach dem Dritten Weltkrieg.

Es handelt sich nicht um Science Fiction. So könnte Amerika geendet haben. Es ist gleichzeitig auch ein Szenario aus der Zeit des Kalten Krieges, das im Zeichen eines kaltblütigen Terrorismus unversehens nützlich wurde.

*Die Kapelle in Camp Desert Rock, Nevada. Soldaten des Heeres und der Marines waren in Desert Rock einquartiert, bevor sie in die Gräben gingen, die um das Atomtestareal platziert waren. Auf dem Gelände des Lagers befanden sich rund 500 Gebäude und 600 Zelte. Die Übungen auf dem Gelände fanden zwischen 1951 und 1955 statt. (Foto: Nevada Test Site)*

# The Official United States Government Doomsday Scenario

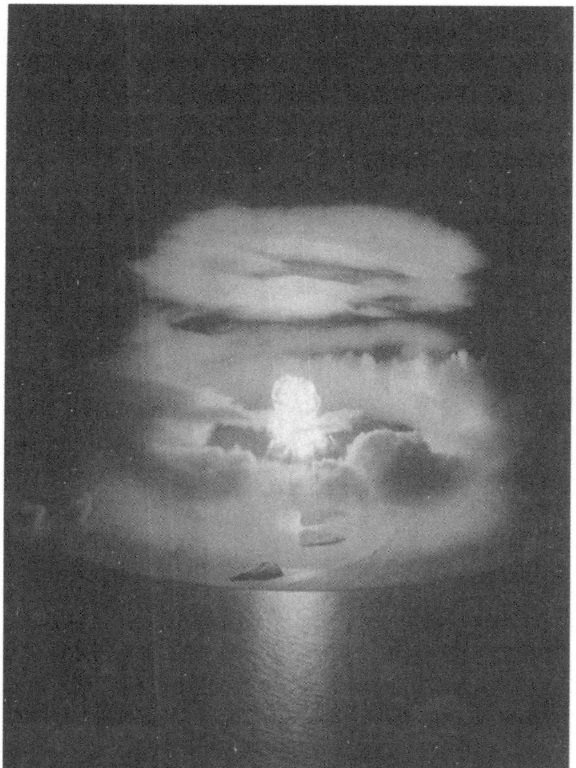

SECRET

OFFICE OF THE ASSISTANT SECRETARY OF DEFENSE
WASHINGTON 25, D.C.

23 April 1958

MANPOWER, PERSONNEL AND RESERVE

MEMORANDUM FOR THE SECRETARIES OF THE MILITARY DEPARTMENTS
THE ASSISTANT SECRETARIES OF DEFENSE
THE GENERAL COUNSEL
THE ASSISTANTS TO THE SECRETARY OF DEFENSE
THE DIRECTOR, GUIDED MISSILES
THE DIRECTOR, ADVANCED RESEARCH PROJECTS AGENCY
THE CHAIRMAN, JOINT CHIEFS OF STAFF
THE CHIEF, ARMED FORCES SPECIAL WEAPONS PROJECT
AND
THE DIRECTOR, NATIONAL SECURITY AGENCY

SUBJECT: Revision of Emergency Plans Book

It is intended that the Emergency Plans Book (EPB) of the Department of Defense will be brought up to date as of 1 June 1958.

Addressees are requested: (a) to review sections of the Emergency Plans Book which pertain to emergency plans and actions over which they have cognizance; and (b) to submit on or before 23 May 1958, either an indication that no changes are necessary, or changes which are to be included in the proposed revision of the EPB.

The situation assumptions, planning information, actions, operational assignments and organization, and appendices, in Mobilization Plan C, approved 1 June 1957 for planning policy and guidance, will be used for purposes of reviewing Department of Defense plans and actions for the situations resulting from enemy attack on U.S. Forces outside the CONUS.

Attached for use in reviewing DOD emergency plans and actions to be implemented in the event of a direct attack on CONUS, is a copy of "Capabilities Assumptions" (Part I-A, pp. 1-2), the "Situation Assumptions -- The Attack" (Part I-C, pp. 27-29), and the "Situation Assumptions -- Post Attack Analysis" (Part I-C, pp. 30-43) of ODM Mobilization Plan D-Minus. These sections were noted by the NSC, at its 11 July 1957 meeting, as being suitable for defense mobilization planning for a surprise attack on the CONUS. They constitute the latest and only approved guidance to the departments and agencies on the D-Minus type situations.

J. W. Clear
Acting Director
Office of Emergency Planning

Incl.
As stated

SECRET 61631

1434-58

DECLASSIFIED
Authority MND 984005
By [illegible] NARA Date 8/5/98

SECRET

(Das offizielle Weltuntergangszenario
der Regierung der Vereinigten Staaten.)

**Memorandum für**

Die Herren der Teilstreitkräfte

Den stellvertretenden Verteidigungsminister

Den General Counsel

Den Assistenten des Verteidigungsministers

Den Leiter der Raketenabwehr

Den Leiter des Generalstabs

Den Leiter der Special Weapons der Streitkräfte und den Direktor der National Security Agency

Von: J. W. Clear
Amt für Notfallplanung
Amtierender Direktor

**23. April 1958**

**Geheim**

**Betrifft**: Überarbeitung des *Emergency Plans Book*

Siehe Anmerkung # 1

1. Diese Kopie des „Emergency Plans Book“ ist die an Luftwaffenminister James H. Douglas Jr. (1957–1959) geschickte Ausgabe. Es wurde vom „Office of Emergency Planning“ im Verteidigungsministerium verfasst, einem direkten Vorläufer der heutigen FEMA. Und nun der Stammbaum. Die „Federal Civil Defense Adminsitration“ (FCDA) entstand am 1. Dezember 1950 (Verordnung 10186) als Teil des „Office for Emergency Management“ und wurde nach einem Kongressbeschluss am 12. Januar 1951 zu einer selbstständigen Behörde, die bis 1958 bestand. In dieser Zeit wurde dieses Dokument verfasst. Nur wenige Monate nach diesem Dokument wurden ihre Aufgaben an das „Office of Defense and Civil Mobilization“ (ODCM) übergeben. 1961 wurde das ODCM abgeschafft. Die meisten Aufgaben wurden der „Defense Civil Preparedness Agency“ im Verteidigungsministerium übertragen, bevor sie 1979 von Präsident Carter in der „Federal Emergency Agency“ (FEMA) zusammengefasst wurden. Diese Behörde leitet wie ihre Vorgänger das nationale Zivilverteidigungsprogramm und koordiniert die militärische, industrielle und zivile Mobilisierung im Notfall.

FEMA, die heute scheinbar nur mit Naturkatastrophen in Verbindung gebracht wird, war und ist sowohl für die nukleare Bereitschaft verantwortlich als auch für das Überleben der Regierung nach einem nuklearen, biologischen oder chemischen Angriff. Diese Rolle nahm in ihrer Bedeutung – wenigstens in der öffentlichen Wahrnehmung – nach dem Zusammenbruch der Sowjetunion ab, ist aber auch heute noch eine klar definierte Aufgabe der FEMA. Nach Verordnung 12148, mit der FEMA gegründet wurde, ist FEMA bei allen zivilen Notfällen zuständig. Verordnung 12148: „Ein ziviler Notstand bedeutet alle zufälligen, natürlichen oder von Menschen verursachten sowie Notfälle in Kriegszeiten – auch wenn sie nur drohen –, die substanzielle Verletzungen oder Schäden an der Bevölkerung oder substanziellen Schäden oder Verlust am Besitz verursachen können.“ FEMA ist eine unabhängige Behörde, die an den Präsidenten berichtet. Einige Teile unterstehen aber wegen der Kriegs- und Terrorismus-Komponenten dem Verteidigungsministerium. Verordnung 12148: „Um die Planung der zivilen Verteidigung weiterhin vollkommen mit der strategischen Politik der Nation und um eine effektive Verbindung zwischen der strategischen nuklearen und der Bereitschaft bei einem nuklearen Angriff sicher zu stellen,

SECRET

Es wird angestrebt, das „Emergency Plans Book" (EPB) des Verteidigungsministeriums bis zum 1. Juni 1958 auf den aktuellen Stand zu bringen.

Die Adressaten werden gebeten: (a) die Teile des Buchs, die Pläne und Handlungen betreffen, von denen sie Kenntnis haben, zu überarbeiten; und (b) bis zum 23. Mai 1958 entweder anzugeben, dass keine Pläne notwendig sind oder Änderungen für die Neufassung des EPB vorzulegen.

Die Lagebeurteilungen, Planungsinformationen, Handlungen, operationelle Aufgaben und Organisationen sowie Anhänge im Mobilisierungsplan C, der am 1. Juni 1957 für die Planungspolitik und Leitung angenommen wurde, werden zum Zweck der Überarbeitung der Pläne des Verteidigungsministeriums und für Handlungen, die aus einem Angriff feindlicher Truppen auf US-Truppen außerhalb der kontinentalen USA entstehen genutzt.

Siehe Anmerkung # 2,

unterstehen die Entwicklungen der Zivilverteidigung und deren Programme durch den Direktor der FEMA dem Verteidigungsminister und dem nationalen Sicherheitsrat."

2. Seit der Verabschiedung des „National Security Act" im Jahr 1947 hat die Regierung die nationalen Pläne zur Zivilverteidigung verkündet. Dazu gehören industrielle und zivile Mobilisierungsprogramme: die Fortsetzung der Regierungsbereitschaft, kulturelle Erhaltungsprogramme, Notfallplanungen für nukleare, biologische und konventionelle Angriffe; Terrorismus; Strahlenschutzräume; und ein nationales Warnsystem. Alle haben ihren Ursprung in den Weltuntergangsszenarien. Diese Szenarien setzten den schlimmsten Fall voraus, entsprachen aber dennoch der Wahrscheinlichkeit. Mobilisierungsprogramme wurden ihnen entgegen gesetzt, um den Test der Wahrscheinlichkeit durchzuführen. Sollte dieses Szenario Wirklichkeit werden, kann die Regierung dann fortgesetzt werden?

   Im Jahr 1962 forderte Präsident John F. Kennedy eine gründliche Überarbeitung der Pläne zur Fortsetzung der Regierung. McGeorge Bundy im Memorandum No. 127 (National Security Action) aus dem Jahr 1962: Die Studie sollte „eine Überprüfung der aktuellen Umzugspläne des Regierungspersonals einschließlich der Auswahlkriterien für das notwendige Notpersonal, die Lage der Ausweichanlagen, ihre Kommunikationsmöglichkeiten und die Evakuierungspläne für den Transport der Menschen in die Ausweichanlagen" beinhalten. Das Memo fährt weiter fort und fordert das Komitee auf, besonderen Wert zu legen „auf die Pläne, die das Überleben des Präsidenten sichern".

   Diese Programme haben im Laufe der Zeit immer wieder die Namen geändert. Präsident Carter nannte sie „Weiterführung der Regierung", doch die Reagan-Administration erfand einen neuen Namen: „Bestand der nationalen Führung". Die Bush-Regierung ersann den Namen „Fortsetzung der verfassungsgemäßen Regierung", während Präsident William Clinton in seiner Direktive 67 alle Bundesbehörden bat, Pläne zur Fortsetzung der Operationen für wichtige Handlungen im Rahmen seines Programms „Fortsetzung der verfassungsgemäßen Regierung" zu entwickeln. Angesichts der verringerten Bedrohung aus der zerfallenen Sowjetunion fuhr Clinton die Programme zur Fortsetzung der Regierung einschließlich der finanziellen Mittel deutlich zurück.

Um die DOD-Notfallpläne und vorgesehenen Handlungen für den Fall eines Angriffs auf die kontinentalen USA überarbeiten zu können, ist eine Kopie der Leistungsfähigkeitsbeurteilungen (Teil I-A, Seiten 1–2), die Lagebeurteilung – der Angriff (Teil I-C, Seiten 27–29) und die Lagebeurteilung – Analyse nach dem Angriff (Teil I-C, Seiten 30–43) des ODM-Mobilisierungsplans D-Minus beigefügt. Diese Teile wurden vom NSC bei seinem Treffen am 11. Juli 1957 als ausreichend für die Mobilisierungsplanung nach einem Überraschungsangriff auf CONUS angesehen. Sie stellen die jüngsten und einzigen gebilligten Anleitungen für die Ministerien und Behörden für eine Situation nach D-Minus dar.

3. Es gab in dem Dokument drei Abschnitte, Part I-A, Part I-B und Part I-C. Zwei dieser Teile I-A und I-C wurden frei gegeben. Part I-B nicht. Part I-B wird später als (Waffenwirkung) identifiziert. Dieser militärische Begriff verharmlost die wahre Bedeutung. „Waffenwirkung" bedeutet schlicht „Schaden und Zerstörung". Eine nukleare Bombe – der Begriff nuklear wird hier locker gebraucht, eine echte nukleare Bombe ist eine Fusionsbombe (Verschmelzungsvorgang), während eine Atombombe eine kleinere, Fission-Bombe (Kernspaltungsvorgang) darstellt – hat drei „Wirkungen": Explosion, thermische und Strahlenwirkungen. Im Allgemeinen sind die Auswirkungen der Explosion die zerstörerischsten. Der schnell ausgelöste Überdruck der Druckwelle einer Atombombe rast wie ein Güterzug durch Gebäudestrukturen. Der thermische Puls – die von der Bombe ausgelöste Hitzewelle – kann alles in einem Umkreis von einer bis zwei Meilen um den Einschlagsort verdampfen oder verbrennen. Die Strahlung lässt sich schwer beziffern. Die Strahlungseffekte haben mehr damit zu tun, in welcher Höhe über dem Boden eine Bombe explodiert. Explosionen am Boden oder unter Wasser sind die schmutzigsten. Eine Explosion in der Luft lässt die Einschlagsstelle relativ „sauber", weil die Bombe alles Zerstörte in den Feuerball ansaugt, der dort dann ionisiert wird. Dieser 25 Seiten starke Abschnitt beschreibt vermutlich die zerstörerischen Wirkungen der verschiedenen Bombentypen. Diese Daten basierten vermutlich auf den Tests, die entweder auf dem Testgelände in Nevada oder im Pazifik durchgeführt wurden. Mehr als 1000 Atom- oder Nuklearbomben wurden in diesen Gebieten zur Explosion gebracht.

4. Die Bedeutung dieses Dokuments wird im letzten Absatz der Eingangserklärung offenbar. Hier sehen wir, dass das Weltuntergangsszenario Grundlage ist für Pläne, die andere Behörden vorbereiten müssen. Der Autor meint, das „Emergency Plans Book" sei vom nationalen Sicherheitsrat durchgesehen worden, der es „geeignet für die Planung einer Verteidigungsmobilisierung" im Falle eines Überraschungsangriffs hält. Darüber hinaus versichert der Autor, dass dieses Dokument „die neueste und einzige genehmigte Anleitung für die Ministerien und Behörden" im Falle eines Überraschungsangriffs durch die Sowjets darstellt. Daher sollte es benutzt werden, um „die Notfallpläne des Verteidigungsministeriums und Handlungen, die für den Fall eines direkten Angriffs auf die kontinentalen USA nötig sind, durchzuführen."

SECRET

**Plan**
**D-Minus**
**1. Mai 1957**

## Teil 1. Planungsinformationen

### A. Fähigkeitseinschätzungen

Die Fähigkeitseinschätzungen sind Erklärungen über die vermuteten Fähigkeiten der Sowjetunion, bekannte Wirkungen von atomaren Waffen und angenommene Warnungsfähigkeiten unser eigenen Truppen. Fähigkeitseinschätzungen sind weder Angaben über die Vorhaben der Sowjetunion noch darüber, was die Sowjetunion weiterhin plant. Sie sind Erklärungen, um den verschiedenen Behörden einheitliche Informationen zu geben, die an der Planung der Mobilisierung zur Verteidigung beteiligt sind. Alle Fähigkeitseinschätzungen sowie alle anderen Einschätzungen in „Teil I-Planungsinformationen" entsprechen den Informationen der Geheimdienste. Es liegt innerhalb des Rahmens der Fähigkeitseinschätzungen, dass daraus Lagebeurteilungen und Politikeinschätzungen entwickelt werden.

Siehe Anmerkung # 5, 6

5. Der Autor lässt keinen Zweifel daran, dass die Fähigkeitseinschätzungen in diesem Buch auf den durch die Geheimdienste des Landes beschafften Fakten basieren, und daher unumstößlich sind. Wie beschafften sich die USA derartige Fakten? Einer der weniger bekannten Aspekte des Kalten Krieges waren regelmäßige Flüge der amerikanischen Marine und Luftwaffe über sowjetisches Territorium, um elektronische Signale abzufangen. Heute kaum vorstellbar (nicht nur wegen der Satelliten; sie hätten durchaus einen Krieg verursachen können), führten diese Flüge bis zu 200 Meilen in das Gebiet der Sowjetunion. Viele dieser Einsätze verursachten Luftkämpfe, und einige amerikanische Flugzeuge wurden abgeschossen. Doch erst mit der U-2 sicherte man sich die besten Informationen über das militärische Leistungsvermögen der Sowjets. 1956 schickte die CIA die U-2 auf Missionen, die kreuz und quer über die gesamte Sowjetunion führten. Der erste Überflug fand am 4. Juli 1956 statt. Der Pilot flog über Minsk in Weißrussland und Leningrad und fotografierte dabei mit einer von Edwin H. Land (dem späteren Gründer von Polaroid) entwickelten Kamera. Bei diesem Überflug versuchten die Sowjets mehr als ein Dutzend Mal, die U-2 abzuschießen, doch sie flog zu hoch und zu schnell für die Boden-Luft-Raketen oder ihre Jäger.

6. D-Minus. Die Schlüsselüberlegung im „Emergency Plans Book" bestand darin, dass die Sowjets einen totalen Angriff gegen die USA vortragen würden. Der Tag des Angriffs wurde „D-Day" genannt, und die einzelnen Ergebnisse wurden in Zeitintervallen gemessen, die mit „D-Day" begannen. Das Dokument beginnt mit „D-Minus" – die Tage vor dem Angriff. Bei diesem Punkt fasst der Autor zusammen, was die Geheimdienste als die tatsächliche Leistungsfähigkeit der Sowjetunion vermuteten und setzt dieser die Effektivität der amerikanischen Verteidigungsmaßnahmen gegenüber.

7. Die Vereinigten Staaten hatten gerade vier Jahre vor der Ausfertigung dieses Plans eine einsetzbare Megatonnen-Bombe getestet (Operation Castle). Die erste produzierte Megatonnen-Bombe wurde 1958 in das nukleare Arsenal aufgenommen (Mark 15, eine 1,4 Megatonnen-Entwicklung). Die Planer gehen an dieser Stelle davon aus, dass die Sowjets gleich auf, wenn nicht weiter waren.

**1. Die Sowjetunion ist in der Lage:**

a. Atomwaffen unterschiedlicher Größen von wenigen Kilotonnen (Tausende Tonnen) bis Megatonnen (Millionen Tonnen) TNT entsprechend sowie biologische und chemische Wirkstoffe und hoch explosive Waffen zu produzieren,

b. diese Waffen an allen Stellen innerhalb der USA und über US-Truppen sowie Alliierte mittels Flugzeugen, von U-Booten abgeschossenen Raketen, Minen oder geheimen Methoden einzusetzen,

c. diese Waffen für eine Explosion in der Luft oder am Boden verzögert zu zünden,

d. Propaganda, psychologische Kriegführung und Sabotage durchzuführen,

e. einen groß angelegten Krieg zu führen.

Siehe Anmerkung # 7, 8, 9, 10

8. Es ist wichtig, die Verbindung zwischen 1958 und heute zu ziehen. Biologische und chemische Waffen sind Teil des militärischen Arsenals, seit Senfgas im Ersten Weltkrieg eingesetzt wurde. Die Forschung der USA in diesen Bereichen war intensiv. Die Army verfeinerte ihre biologische und chemische Kriegführung in ihrer Anlage in Dugway bei Salt Lake City. Selbst 1958 nahm man an, dass Amerika mit biologischen und chemischen Waffen angegriffen werden würde. Das Szenario unterschied sich nicht von den Anthrax-Fällen, die den terroristischen Angriffen am 11. September 2001 folgten.

9. Die Fähigkeit, Waffen „irgendwo in den USA" abzuwerfen, ist eine andere vorsichtig formulierte Annahme. Sie akzeptiert, dass die Sowjets über hervorragende aeronautische Entwicklungen und Produktionsfähigkeiten verfügten. Ein Beispiel war die Tupulev Tu-95, die regelmäßig bei ihren Flügen entlang der Ostküste beobachtet wurde. Sie hatte eine Reichweite von gut 14.000 Kilometern (ohne Auftanken in der Luft) und transportierte rund 11.000 Kilo Bomben, was vier Mark-15-Megatonnen-Bomben entsprach.

10. Die Zündung war eine der größten technischen Herausforderungen bei der Entwicklung der Nuklearwaffen (neben der Herstellung des spaltbaren Materials). Dass die Sowjets in der Luft oder verzögert zünden konnten, offenbart eine Entwicklungsfähigkeit, die weit über die Bedeutung dieser Worte hinausgeht. Um weit verbreitete Zerstörungen zu verursachen, wird eine nukleare Bombe ungefähr zwischen 500 und 300 Meter über Grund gezündet. Die in Hiroshima und Nagasaki abgeworfenen Bomben explodierten in der Luft. Wenn es um die Verseuchung eines Gebiets oder die Zerstörung eines Bunkers geht, ist die Zündung am Boden am wirkungsvollsten. Bodenexplosionen setzen das meiste radioaktive Material frei, das dann das Gebiet verseucht, und verursacht tiefe Krater. Verzögertes Zünden ist eine „abgelegte Bombe". Sie trifft auf den Boden und „wartet". Bei diesen Bomben haben die Flugzeuge Zeit genug, das Zielgebiet zu verlassen.

11. Überraschung ist hier das Schlüsselwort. In einer Pressekonferenz fasste Dwight D. Eisenhower, damals noch Oberkommandierender der NATO in Europa, die Furcht der Nation zusammen: „Niemand weiß sicher, wann, falls überhaupt

**Warnungsfähigkeiten**

a. Von U-Booten aus gestartete Waffen dürften ohne Warnung einschlagen. Das gilt auch für Waffen, die mittels verdeckter Methoden platziert wurden und ohne Warnung gezündet werden.

b. Eine Warnung der Luftverteidigung vor einem groß angelegten Angriff durch Flugzeuge kann an der kanadischen Grenze, den Küsten am Atlantik, Pazifik und der Golfküste wenige Minuten bis zu drei Stunden, bevor die Flugzeuge diese Grenzen erreichen, empfangen werden. Informationen darüber, wieviel Zeit die angreifenden Flugzeuge wahrscheinlich benötigen werden, um bestimmte Ziele zu erreichen, kann der Zivilverteidigung vom Angriffs-Warnsystem zur Verfügung gestellt werden.

c. Gebiete im Inneren des Landes können über eine bis drei Stunden mehr Vorwarnzeit verfügen zwischen der Warnung der Luftverteidigung und dem Zeitpunkt, an dem sie von den Flugzeugen angegriffen werden.

d. Eine strategische Warnung kann nicht zugesichert werden.

Siehe Anmerkung # 11, 12, 13,

unsere Verteidigungsorganisation zum ultimativen Test antreten muss. Weil unser Ziel absolut defensiv ist, müssen wir so früh wie möglich bereit sein. Nur ein Aggressor kann den Tag und die Stunde des Angriffs nennen."

Die USA vertrauen einigen Warnsystemen, von denen noch keines existierte, als dieses Dokument entstand. Das waren und sind das Warnsystem für ballistische Raketen in Thule (Grönland), Alaska und England, die „Distant Early Warning" (DEW), die Radar-Frühwarnlagen im kanadischen Pinetree und die Schiffe der Navy. Heute übernehmen natürlich Satelliten das Warnsystem.

12. 1958 gab es kaum etwas, das vor den ersten nuklearen Waffen, die Amerika treffen würden, warnen konnte. Dabei würde es sich um von U-Booten abgeschossene Raketen oder um innerhalb der USA versteckte Bomben handeln. Doch was für eine Warnung wäre möglich gewesen? Historiker haben nachgerechnet: Die Zeit zwischen Warnung und dem Einschlagen einer von einem U-Boot abgeschossenen Rakete hätte 13 Minuten betragen. Vor einem Angriff aus der Luft wäre 25 Minuten vorher gewarnt worden. Und vor der Explosion einer versteckten Bombe hätte es gar keine Warnung gegeben. Bereits 1958 hatten die amerikanischen Geheimdienste Anlass zur Annahme, dass es möglich war, eine Bombe in die USA zu schmuggeln, sie an einem bestimmten Ort zu deponieren und bei Bedarf zu zünden. Diese Informationen sind bisher noch nicht öffentlich gemacht worden.

13. Die Sowjets, so die Annahme, nutzen alle drei Pfeile, die sie in ihrem nuklearen Köcher verstecken: Bomber, Raketen und U-Boote. Die damalige sowjetische Kampfdoktrin ging bei jedem Schlag von einem vollständigen, alles durchdringenden Angriff in der ersten Welle aus.

14. Als Antwort auf einen möglichen Überraschungsangriff trainierte die Airforce ihre Truppen, innerhalb von 15 Minuten in der Luft zu sein. Obwohl dies bereits beeindruckend klang (trotz der offensichtlichen Risiken – viele der Bomber stürzten während ihrer übereilten Starts ab), experimentierte das Oberkommando der Luftwaffe bereits mit Bombern, die – bewaffnet mit nuklearen Bomben – 24 Stunden am Tag, sieben Tage in der Woche in der Luft waren. Man meinte, dass es für die Sowjets unmöglich sein würde, einen zerstörerischen Erstschlag zu wagen, wenn genügend Bomber in der

*Die Atombombe „Mark 15" mit einer geschätzten Sprengkraft von 1,4 Megatonnen.*

*Der Moment der Explosion. Die Soldaten befinden sich ca. 3400 Meter von der Detonation entfernt. Das Licht stammt vom atomaren Blitz. Selbst in den Gräben fühlten viele Soldaten die Hitze des thermalen Pulses. Andere verglichen die Druckwelle mit einem Erdstoß.*

SECRET

## Teil I. Planungsinformationen

### B. Militärische Auswirkungen

(war nicht veröffentlicht)

### C. Ausgangslage

Lageeinschätzungen sind Erklärungen, die einen nationalen Zustand sowie einen Zustand des internationalen politischen und militärischen Umfelds beschreiben, dessen Existenz eine sofortige und starke Handlung der US-Regierung notwendig machen. Sie stellen keine Beschreibung zukünftiger Ereignisse dar, beschreiben aber zum Zwecke der Planung eine Lage, die eintreten könnte.

Die hier beschriebene Situation ist das Ergebnis aus Übungen einiger der in Sektion A, Fähigkeitseinschätzungen, dargestellten Fähigkeiten der Sowjetunion und der Auswirkungen atomarer Waffen, die in Sektion B, Auswirkungen der Waffen, beschrieben werden.

Siehe Anmerkung # 15, 16, 17,

Luft zum Gegenschlag bereit waren. Diese Gegenschlagbereitschaft unterstrich die Strategie der gegenseitigen sicheren Zerstörung. Militärplaner erwarteten, ihre ersten Lager nuklearer Waffen in den ersten drei Tagen der Feindlichkeiten zu verbrauchen.

15. Der Autor betont, dass die beiden Lagebeurteilungen zwei wichtige Eigenschaften haben. Zum Einen – wenn die Lage wie erwartet einträte –, würde man eine entsprechende Antwort der Vereinigten Staaten benötigen. Zum Anderen war es nicht unbedingt zu erwarten, dass sich die Lagen wie erwartet einstellen würden. Doch unabhängig davon würde es auf jeden Fall zu einem massiven nuklearen Schlag gegen die USA kommen, der dann einen massiven nuklearen Gegenschlag zur Folge haben würde.

16. Das Gegenstück zu dieser Strategie wäre SIOP – „Single Integrated Operating Plan" –, der 1960 in Kraft gesetzt wurde. Darunter verstand man einen koordinierten Angriff der kombinierten nuklearen Kräfte der Army, Navy und Air Force.

17. Wasserstoffbomben hatten eine unbeschreibbar zerstörerische Wirkung. Man benötigte nur eine kleine Zahl, um große Teile der Erde unbewohnbar zu machen. In einer seiner wichtigsten Reden seiner Präsidentschaft brachte Eisenhower seine Besorgnisse am 8. Dezember 1953 vor den Vereinten Nationen zum Ausdruck. Diese Rede ging als „Atom für Frieden" in die Geschichte ein. Diese neuen thermonuklearen Waffen, so Eisenhower vor einem schweigenden Publikum, seien so mächtig, dass jede Seite der anderen „abscheuliche Schäden" zufügen würde. „Kein Aufwand kann die absolute Sicherheit der Städte und der Bürger eines Landes garantieren." Darüber hinaus wären die Verteidigungsmaßnahmen der Vereinigten Staaten so stark, dass sie „das Land eines jeden Angreifers zerstören würde".

    Weil diese Rede die erste öffentliche Bestätigung der Exisenz thermonuklearer Waffen war, verharrte das Publikum in absoluter Ruhe. Die beiden Supermächte, so Eisenhower, waren nun zwei Nationen, die „sich auf ewig gegenseitig über eine zitternde Welt in die Augen blicken konnten." Und das mit Waffen, die die Menschheit zerstören könnten „und dazu verurteilt, mit dem uralten Kampf um Würde, Gerechtigkeit und Recht zu schaffen aufs Neue zu beginnen".

## 1. Der Angriff

1. Die Sowjetunion hat mit einer großen Zahl atomarer Waffen die USA sowie einige ihrer Territorien, Überseestandorte und Alliierte angegriffen. Die nationale Warnung der Luftverteidigung Gelb war zwei Stunden, bevor die sowjetischen Flugzeuge die Grenze überflogen, ausgelöst worden. Zur gleichen Zeit, als Warnung Gelb ausgelöst wurde, schlugen von U-Booten aus gestartete Geschosse ein, wurden heimlich platzierte Waffen gezündet. Dennoch wird der größte Teil des Angriffs von bemannten Flugzeugen vorgetragen.

Siehe Anmerkung # 19, 20

*„ … unsere Land- und Marinestreitkräfte sind stark engagiert.“*

18. Dies ist der erste Bezug auf die fehlende Sektion I-B Waffenwirkung. In diesem Teil werden wahrscheinlich die Explosion sowie die thermischen und Strahlungswirkungen eines nuklearen Angriffs gegen militärische, industrielle und zivile Ziele beschrieben. Er enthält sicherlich die Größe und Anzahl der Waffen, die von den Sowjets über den verschiedenen Zielen abgeworfen werden. New York zum Beispiel könnte von einem Dutzend 20-Megatonnen-Thermonuklearbomben getroffen werden, während über Ft.-Knox lediglich eine Bombe der Hiroshima-Größe abgeworfen wird.

19. 1944 leitete der Physiker James Franck einen speziellen Ausschuss im Rahmen des Manhattan-Projekts, der die sozialen und politischen Implikationen der Atombombe beurteilen sollte. Der Bericht erklärte: „Bei keiner anderen Art der Kriegführung liegen die Vorteile so einseitig auf Seiten des Angreifers.“

20. Die Annahmen über den Angriff enthalten zwei bemerkenswerte Erklärungen. Die erste betrifft die Feststellung, dass „Luftverteidigung auf Warnstufe Gelb“ ausgelöst würde, wahrscheinlich ein Zustand erhöhter Bereitschaft. Das bedeutet, dass die Planer davon ausgehen, dass dem Angriff diplomatisches Säbelrasseln oder die offensichtlichen Vorbereitungen der Sowjets vorangehen. Möglicherweise eine Truppenkonzentration an der innerdeutschen Grenze. Dennoch – jede Warnung macht wenig Sinn: Die Bomben fallen noch während der Alarm verbreitet wird. Nach diesen Annahmen werden die von U-Booten abgeschossenen Raketen als Erste einschlagen. Was immer „Luftverteidigungs-Warnung Gelb“ bedeutet – die sowjetischen U-Boote haben bereits unbeobachtet ihre Positionen für die erste Angriffswelle erreicht. Die zweite Erklärung ist interessant, weil Experten bereits 1958, also mehr als 40 Jahre bevor Terroristen das World Trade Center in New York angriffen, von einem verdeckten Angriff ausgingen. Die nächste Welle würde von Bomben ausgehen, die an strategischen Punkten in den USA versteckt worden waren.

2. **Luftabwehrmaßnahmen in Nordamerika und Übersee haben zur Zerstörung einer erheblichen Zahl angreifender Flugzeuge geführt, können jedoch nicht verhindern, dass etwa die Hälfte dieser Maschinen ihre Abwurfziele erreichen und die tödliche Fracht auslösen.** Militäroperationen der US Army und ihrer Alliierten verursachen beim Feind Opfer und Sachschäden in einer Größenordnung, die mindestens so hoch ist wie die eigenen. Trotz der ernsten Verluste an Mensch und Material im militärischen wie im zivilen Bereich, werden die Luftoperationen gegen den Feind unter höchstem Einsatz von Heer und Airforce dennoch fortgesetzt. Beide Seiten nutzen dabei Atomwaffen für die taktische Luftunterstützung und im Erdkampf.

Siehe Anmerkung # 21, 22

21. Der Absatz beschreibt einen gewaltigen Krieg. Army, Navy und Air Force richten ihre Feuerkraft in einem noch nicht erlebten Ausmaß gegen die Sowjetunion. Ende 1957 verfügte die Strategische Luftverteidigung über 40 Einheiten mit 3128 Bombern und Jägern – davon konnten 2000 nukleare Bomben abwerfen, von denen sich 5543 in den Arsenalen befanden. Man muss davon ausgehen, dass sich alle im Kampf befinden. Die Luftverteidigung schickt Bomber Richtung Russland, während Luftabwehrstaffeln sich im Luftkampf befinden. Doch wie würde der Kampf (nicht der Angriff) beginnen? Die erste Verteidigungslinie wären die Abfangjäger, zum Beispiel die 44. Abfangjägerschwadron der 35. Luftdivision in North Charleston, South Carolina. 1958 waren dort die neuen, mit Radar ausgerüsteten F-86-Jets stationiert. Die Piloten hier und auf anderen Basen würden in ihre Jets springen und die ersten Bomber angreifen. Unglücklicherweise hat die Hälfte der sowjetischen Bomber, die von ihnen abgeschossen werden, ihre Fracht bereits abgeworfen. Die von der 44. Schwadron (und anderen) geflogenen Jets verfügen bereits über ein Luft-Luft-Radar, das allerdings noch nicht ausgereift war und immer wieder von Softwareproblemen lahm gelegt wurde. Die Piloten mussten das Ziel umständlich ausmachen und dann einen Cursor auf das Ziel lenken.

Die Vereinigten Staaten verfügen noch immer über einsatzbereite Jäger auf den Startbahnen. Dabei sitzen die Piloten in ihren Cockpits und warten auf den Einsatzbefehl. Während des Angriffs auf das World Trade Center gingen Jäger zwar in die Luft, erreichten aber nicht ihre Ziele. Es ist ungewiss, ob zu dieser Zeit Jäger einsatzbereit auf den Startbahnen warteten.

22. Bei ihrem Gegenschlag setzen die USA nukleare Waffen ein, von denen einige über dem Gebiet der USA explodieren. Das so genannte Luft-Luft-Geschoss „Genie“ war die erwähnte „taktische Luftunterstützung“. „Genie“ wurde auf Grund der – möglicherweise veralteten – Annahme, dass die eindringenden sowjetischen Bomber in den eng gestuften Formationen des Zweiten Weltkriegs fliegen würden, entwickelt. „Genie“ wurde von den Jägern in das Zentrum dieser Formation geschossen und sollte, so die Theorie, mit der gewaltigen Druckwelle gleich ein Dutzend Bomber zerstören. Auch die Army verfügte über atomare Waffen, die nun eingesetzt werden. Der Autor bezieht sich wahrscheinlich auf die 280-mm-Geschosse, die von einer nuklearen Artil-

*Eine Atomrakete wird von einer F-89 Scorpion transportiert. Das Entwicklungsprojekt der amerikanischen Luftwaffe begann Anfang 1954 und hatte den Decknamen Genie. Der erste Blitz des atomaren Waffenkopfes konnte am 19. Juli 1957 um 7.30 Uhr am Morgen beobachtet werden. Zum ersten Mal war ein atomarer Sprengsatz von einem Flugzeug aus abgeschossen worden. Dies ist ein Beispiel der im Weltuntergangsszenario erwähnten taktischen nuklearen Waffen.*

*„Operation Crossroads": Diese Unterwasserexplosion kontaminierte fast die gesamte in der Umgebung eingesetzte Flotte von ausgemusterten Schiffen. Ähnliche Detonationen wurden im Szenario ebenso angenommen.*

3. Es wird damit gerechnet, dass die UdSSR ihre verbleibenden Kapazitäten nutzt, um strategische Luftangriffe vorzutragen. Zugleich verfügt sie über eine beachtliche Luftmacht, um taktische und Luftverteidigungsmaßnahmen vorzutragen. Die U-Boot-Flotte der UdSSR ist sowohl im Atlantik als auch im Pazifik aktiv. Dadurch entstehen große Schäden an der amerikanischen und der alliierten Flotte. Intensive Propaganda wird gegen die USA und ihre Alliierten gerichtet. Geheime Operationen und Sabotageakte werden ausgeführt.

4. **Sowohl auf dem nordamerikanischen Kontinent wie auch in Übersee richtet sich das Schwergewicht der Angriffe offensichtlich auf die militärischen Einrichtungen der USA und der Alliierten einschließlich der Infrastruktur, atomare Waffen bereitzustellen und Anlagen, in denen atomare Waffen hergestellt werden, sowie die Marinebasen an den Küsten, die Konzentrationen von Landtruppen und Häfen sowie Flughäfen für internationale Transporte.** Zusätzlich wurde der District of Columbia und viele Bevölkerungs- und Industriezentren angegriffen. Wegen der Einsätze der Luftverteidigungskräfte und Fehlern der angreifenden Kräfte explodieren viele Waffen an willkürlichen Zielen am Boden.

Siehe Anmerkung # 23, 24

lerieeinheit – „Atomic Annie" – abgeschossen wurde. „Annie" verfügte über einen Gefechtskopf von 15 Kilotonnen. „Genie" wurde beim so genannten John-Schuss 1957 in Nevada getestet, bei dem ein nur 1-Kilotonnen-Gefechtskopf abgeschossen wurde.

23. Bomben schlagen überall ein. Pilzwolken steigen über den militärischen Basen, den industriellen Zentren, den Flughäfen und vielen anderen Orten auf. Einige Bomben fallen willkürlich. Washington D.C ist (was zu erwarten war) schwer getroffen. Die Zivilbevölkerung scheint jedoch kein Ziel zu sein. Warum gehen die Planer davon aus? Der Einsatz von Waffen gegen die Zivilbevölkerung ist eine Taktik, mit dem man den Kampfeswillen des Gegners treffen will, doch sie hat nur selten funktioniert. Die Terrorangriffe des 11. Septembers haben die USA im Willen zurückzuschlagen vereint. Und auch die Bombenangriffe gegen London im Zweiten Weltkrieg stärkten nur den Widerstand der Briten. Die Bomben gegen Hiroshima und Nagasaki kamen erst am Ende eines in die Länge gezogenen Krieges. Doch der Wille der Nation ist kein Faktor in den ersten Abschnitten dieses nuklearen Krieges. Dieser nukleare Krieg wäre die automatische Folge. Die Doktrin der USA gingen von einem massiven und sofortigen Gegenschlag aus.

    Sabotage ist ein wichtiger Faktor. Damals wie heute war es bekannt, dass die Geheimdienste des Ostblocks die Vereinigten Staaten infiltrierten. Eine der ungewöhnlicheren Methoden war es, Studenten an amerikanische Universitäten zu schicken. Daneben gab es einfache Arbeitskräfte, oder Amerikaner als Doppelagenten. Diese Schläfer werden nun aktiviert, um Sabotageaktivitäten auszuführen.

24. Die meisten nuklearen Bomben explodieren in der Luft, doch bei den Angriffen auf die Häfen werden vermutlich Unterwasserbomben, nukleare Torpedos und auf dem Boden explodierende Bomben eingesetzt. Unterwasserexplosionen, das zeigte 1946 die „Baker-Explosion" bei der Operation Crossroad, gehören zu den schmutzigsten Arten einer nuklearen Explosion. Sie erzeugen eine gewaltige Wasserwelle, gefolgt von radioaktivem Dunst. Der Schleier von „heißem" Dunst, der sich über die Schiffe ausbreitete, erreichte, was der in der Luft gezündete Sprengsatz „Able" nicht vermochte. „Able" versenkte oder zerstörte nur wenige Schiffe. „Baker" traf mehr als 100 „tödlich". Trotz der über Wochen und Monate folgenden Säuberungsaktionen konn-

*Bei dieser Unterwasserexplosion wurden mehr als zwei Millionen Tonnen Wasser in die Luft geschleudert. Die Welle aus radioaktivem Nebel und Wasser wird bald die Gebäude im Vordergrund erreichen.*

*Das Militär führte zahlreiche Wirkungstests durch. Das Foto zeigt zwei Soldaten, die 1952 während der Übungen Desert Rock die Auswirkungen auf Puppen untersuchen, die 1500 Meter von der Explosion entfernt platziert waren.*

5. Die eingesetzten Waffen variieren von einigen Kilotonnen (TNT entsprechend) bis einige Megatonnen. Alle Waffen der Megatonnen-Klasse explodieren auf dem Boden. Die große Mehrheit der Waffen der Kilotonnen-Klasse explodieren in der Luft. Schäden durch die Explosionen und die thermale Strahlung entstehen in einem Umkreis von fünf bis 15 Meilen um den Einschlagsort. In den eng bebauten Städten sind Feuerstürme die Folge, und auch in ländlichen Gegenden entstehen Feuer, die Ernte und Wälder vernichten. Die Bodenexplosionen haben weit verbreitete Strahlung in einem derartigen Ausmaß zur Folge, dass in weiten Teilen der Vereinigten Staaten nur überlebt werden kann, wenn man sich über eine längere Zeit in einem Schutzraum aufhält. Bevor man den Boden für sicher erklären kann, sind radiologische Überwachungsmaßnahmen unbedingt notwendig.
6. Der Grad der Verluste in den gesamten Vereinigten Staaten ist außerordentlich ernst. In vielen Gegenden ist er katastrophal. Es folgt eine Schätzung der Opfer am siebten Tag nach dem Angriff (D-Plus-7), die bis dahin eingetreten sind oder noch eintreten werden:

| | (Millionen) | | |
|---|---|---|---|
| | Getötet und verletzt | Erhöhung möglich | gesamt |
| Explosion und Hitzewelle | 12,5 | 12,5 | 25 |
| Nukleare Strahlung | 12,5 | 12,5 | 25 |
| Insgesamt | 25,0 | 25,0 | 50 |

*Ohne eine gründliche radiologische Überwachung und den Einsatz angemessener Schutzmaßnahmen wird es zu wesentlich mehr Strahlungsverletzungen durch die Auswirkungen der Strahlung und den Genuss von verseuchten Nahrungsmitteln und Wasser kommen.*

Siehe Anmerkung # 25

ten die meisten nicht dekontaminiert werden. Aus Frustration und weil man sie los werden wollte, wurden sie schließlich versenkt.

25. 1958 lebten 140.000.000 Menschen in den USA. Jeder Fünfte wird sterben.

*In Nevada wurden Puppen benutzt, um die Wirkungen atomarer Explosionen auf die Zivilbevölkerung zu testen. Drei Kilometer vom Explosionsort entfernt standen die Chancen gut, die Druckwelle und den thermalen Impuls zu überleben. Allerdings, das zeigt das Foto, mit schweren Verletzungen.*

*In einem Umkreis von 1,6 Kilometern um den Explosionsort wurden selbst Panzer von der Druckwelle zerstört. (Foto: Nevada Test Site)*

*„Tage, Wochen und Monate müssen vergehen, bevor große Gegenden für ein weiteres Bewohnen geeignet sind.“*

SECRET

Teil I. Planungsinformationen

C. Lagebeurteilungen

2. Analyse nach dem Angriff

1. ALLGEMEIN. Nachdem die menschlichen Opfer die Zahl der materiellen Verluste übersteigt, ist das ultimative Erholungspotenzial, um die Bedürfnisse der überlebenden Bevölkerung zu erfüllen, hoch, vorausgesetzt, diese Bevölkerung kann entsprechend motiviert werden. Trotz des Ausmaßes der Katastrophe, die die Nation getroffen hat und der Möglichkeit weiterer, allerdings leichterer Angriffe, überleben mehr als 100 Million Menschen und riesige Materialressourcen bleiben bestehen. Die Wiederherstellung unserer Wirtschaft und Gesellschaft wird möglich und notwendig sein. Die Geschwindigkeit, mit der dieser Wiederaufbau erreicht wird, wird von der Führung der Regierung sowie der Ausrichtung, dem Aufrechterhalten von Zuversicht und der Initiative der Menschen und der Weisheit der Organisation, die verbleibenden Ressourcen zu nutzen, abhängen.
2. Der Angriff hat zu einer fast vollständigen Lähmung der Funktion des wirtschaftlichen Systems in fast allen Aspekten geführt. Viele Jahre noch wird die Größe und die Form der Wirtschaft diese Auswirkungen reflektieren. Die organisierten Handlungen der Regierung erleiden sofort einen schweren Schlag, und die Gesellschaft bricht in lokale Gruppen auseinander. Unsere sozialen Standards wie Werte werden zerstört und die normalen Produktionsprozesse vollständig unterbrochen. Das Funktionieren der Wirtschaft nach dem Angriff wird vor allem davon abhängen, wie schnell und wirkungsvoll örtliche und regionale Aktivitäten und entsprechend den vor dem Angriff verbreiteten nationalen Anweisungen wieder aufgenommen werden können; und nach dem Angriff so schnell wie möglich ausgeweitet werden können. Das würde unter anderem den maximalen Einsatz der uns verbliebenen Ressourcen bedeuten.

26. Der Wiederaufbau Amerikas erfolgt von Grund auf – auf lokaler, regionaler und nationaler Ebene –, wird aber mit einer Führung erfolgen. Dieser Abschnitt warnt davor, dass Überlebende von den Zerstörungen um sie herum so entmutigt sein könnten, dass es schwierig, wenn nicht unmöglich sein kann, sie zu motivieren. Dies war in New York nicht der Fall. Nachdem die Twin Towers eingestürzt waren, strömten Amerikaner aus allen Teilen des Landes nach New York, um zu helfen.

27. Dieser Absatz ist auf unheimliche Weise vorausschauend. Nach den Angriffen des 11. Septembers kam die Wirtschaft der USA praktisch zum Stillstand. Die Börsen in New York schlossen und öffneten erst am folgenden Montag wieder, und dann stürzten die Kurse ab. Die Fluglinien hatten nach dem knapp einwöchigen Flugverbot finanzielle Probleme. Touristenziele bettelten um Reisende, und der Einzelhandel erlebte deutliche Umsatzeinbußen.

*Die Marines bei einem Manöver unter einer aufgelösten atomaren Wolke. (Foto: Nevada Test Site)*

*Soldaten während eines Manövers auf dem Testgelände in Nevada. Eine ähnliche schwarze Wolke könnte sich nach einem sowjetischen Angriff über eine Stadt legen. „Desert Rock" war angelegt worden, um zu zeigen, dass sich ein nukleares Schlachtfeld nicht von konventionellen Schlachtfeldern unterschied. (Foto: Nevada Test Site)*

3. Die Lagebeurteilung nach dem Angriff muss in zwei getrennte und unterschiedliche Phasen unterteilt werden, die sich an einem Punkt überlappen und vermischen. Die erste Periode lässt sich als Überlebensperiode beschreiben – die Zweite ist in erster Linie die Wiederaufbauperiode.
4. Während der Überlebensperiode arbeitet die Wirtschaft in einer hochgradig unorganisierten Art und Weise. Die eingesetzte Arbeiterschaft wird in großer Zahl zur Beseitigung der Toten, der Behandlung der verletzten Überlebenden und der Dekontaminierung sowie der Säuberung der Bombentrichter genutzt werden. Gleichzeitig nehmen die Stadtwerke und Energieversorger sowie andere mit den Folgen der Angriffe betraute Kräfte ihre Arbeit wieder auf. Wenn man die Bedürfnisse des Militärs, der Notstandskräfte der Regierung berücksichtigt, bleiben wenige Arbeitskräfte übrig, um Waren zu produzieren. In den ersten drei bis sechs Monaten wird es mehr Kapazitäten für die Warenproduktion als Arbeiter geben, um die Anlagen zu bedienen. Die Herstellung von Waren wird sich entweder auf Notfallprodukte – wichtige Dinge zum Überleben – oder willkürliche Waren in isolierten, nicht direkt betroffenen Regionen beschränken.
5. Ein Schutz der gesamten Bevölkerung vor den physiologischen Auswirkungen des radiaoktiven Niederschlags ist der überragende Aspekt in dieser Periode. Tage, Wochen und Monate müssen vergehen, bevor große Gebiete für eine weitere Bewohnbarkeit sicher sind. Viele Gebiete sind von derartiger Bedeutung, dass Dekontaminierungsmaßnahmen vorgenommen werden müssen, ohne darauf warten zu können, dass die radioaktive Verstrahlung von alleine nachlässt.

Siehe Anmerkung # 28

28. Der Ausblick nach dem Angriff unterscheidet sich kaum von einer nationalen Katastrophe. Die erste Priorität besteht in der Rettung und der Versorgung der Opfer. Danach werden die Toten geborgen und mit dem Wiederaufbau begonnen. Doch dies ist kein einfaches Unglück – es handelt sich um eine nukleare Katastrophe. Neben dem Wiederaufbau wird eine große Anzahl von Menschen Gebiete dekontaminieren, die für den Neuaufbau Amerikas von überragender Bedeutung sind. Dekontaminierung bedeutet das Waschen von ganzen Häuserblocks, Schiffen und Flugzeugen – alles, was unzerstört ist und benötigt wird. Es ist eine langwierige und risikoreiche Arbeit, bei der ein Erfolg nicht gewährleistet ist.

Der Autor beschreibt eine Nation, die in drei Funktionen geteilt ist. Die noch Einsetzbaren bleiben beim Militär und kämpfen weiter. Ein anderer großer Prozentsatz der Bevölkerung kümmert sich um die Verwundeten und begräbt die Toten. Andere dekontaminieren und bauen Fabriken wieder auf, um die Räder der Wirtschaft wieder ans Laufen zu bekommen.

29. Die Wiederaufbauphase wird durch das Fehlen der Infrastruktur behindert. Ein Blick auf die heutige Wirtschaft: Ungefähr 800.000 Lastwagen rollen jeden Tag über die Highways, um Waren von Fabriken in die Lagerhäuser und Läden zu transportieren. Im Weltuntergangsszenario wären diese Straßen nicht mehr vorhanden. Die Transportmög-

*Die Druckwelle einer Atombombe hat einen Zeppelin zum Absturz gebracht. (Foto: Nevada Test Site)*

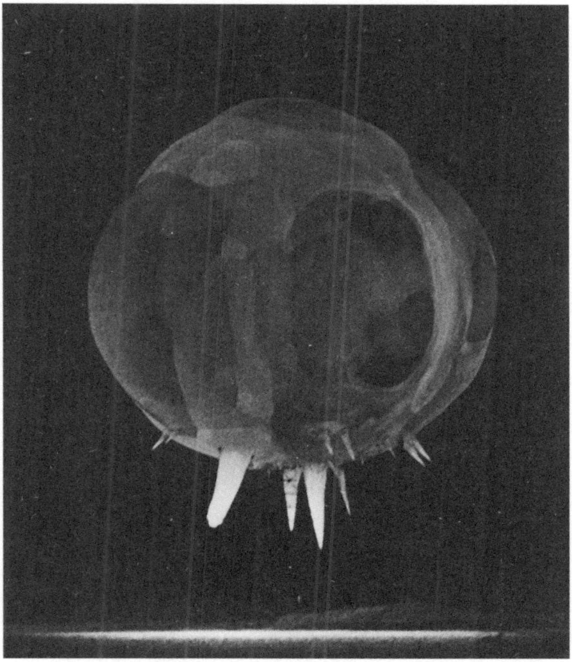

*Mit einer Belichtungszeit von 1/1.000.000 sec. aufgenommen, zeigt sich der erste Impuls einer atomaren Explosion. Die „Finger“ laufen an Drähten des Turms entlang, der kurz danach verdampfen wird.*

6. Die Behandlung der verletzten Überlebenden stellt ein größeres Problem dar und verlangt nach der Koordinierung aller Ressourcen, die auf diesem Gebiet eingesetzt werden können. Die Bereitstellung der notwendigen Nahrung, Kleidung und Unterkünfte verlangt auf allen Ebenen der Regierung nach einem konzentrierten Einsatz. Was Nahrung und Kleidung angeht, so stellt die Verteilung der erreichbaren Vorräte an die Gebiete mit der meisten Not das größte Problem dar. Bei der Unterkunftsfrage ist das größte Problem, die Menschen dahin zu steuern, wo Unterkünfte vorhanden sind. Alle Handlungen in dieser Periode müssen davon geleitet sein, das Überleben der verbliebenen Bevölkerung und die Unterstützung notwendiger militärischer Einsätze zu sichern.
7. Nachdem die dringenden Bedürfnisse der beschädigten Wirtschaft erfüllt sind, beginnt die Wiederaufbauperiode. Hier kommt es zu einer Überlappung. Die zweite Periode beginnt, bevor die erste abgeschlossen ist, und es ist unmöglich vorherzusagen, wann die eine endet und die andere beginnt. Grundlegende Handlungen, die notwendig sind, um die Wirtschaft wieder aufzubauen – vor allem den unbeschädigten Teil –, werden zum frühest möglichen Termin nach dem Angriff eingeleitet, angekündigt oder stimuliert werden müssen. Auch wenn einige der längerfristigen Maßnahmen erst in der zweiten Periode relevant werden.
8. Die Wiederaufbauphase verlangt nach andersartigen Handlungen als die in der Überlebensphase durchgeführten. In der Überlebensphase steht die Sorge um die direkten Bedürfnisse der Menschen im Mittelpunkt. In der Wiederaufbauphase liegt der Schwerpunkt auf Programmen für die zukünftigen

lichkeiten auf dem Boden sind hoffnungslos verstopft. Die Produktion ist zudem durch die Verstrahlung und die zumeist abwesenden Belegschaften deutlich verlangsamt. Transporte über die Schiene und in der Luft sind so gut wie unmöglich, weil die Bahnhöfe und Flughäfen zuerst bombardiert wurden. Zudem sind die gesündesten Überlebenden Hunderte von Meilen von den Orten entfernt, an denen sie benötigt werden. Doch selbst wenn sie gefunden werden, wollen sie möglicherweise nicht ihre Familien verlassen, um in die mit Strahlen belasteten Gebiete zu ziehen.

So wie die Planer im Weltuntergangsszenario vermuteten, lief die Stimulierung der Wirtschaft nach dem 11. September. Präsident Bush und ein vereinter Kongress verabschiedeten einen Unterstützungsfonds für die Fluglinien und setzten andere Gesetze für eine wirtschaftliche Belebung durch. Daneben halfen die Amerikaner selbst. Mehr als eine Milliarde Dollar und unzählige Liter Blut wurden innerhalb der ersten 30 Tage nach der Tragödie gespendet.

Bedürfnisse der Nation. Im Lichte der Schäden, der verbliebenen Ressourcen und der nationalen Bedürfnisse muss entschieden werden, welche Programme begonnen werden müssen. In dieser Periode wird es zu schweren Belastungen der Ressourcen wie Arbeitskräfte, Material und Dienstleistungen kommen. Programme für die maximale Nutzung der verbliebenen Ressourcen müssen entwickelt werden.

9. REGIERUNG. Die Regierungskontrolle ist ernsthaft gefährdet, und eine zentrale Steuerung existiert praktisch nicht mehr. Viele der höchsten Regierungsgmitglieder sind ums Leben gekommen. Allerdings funktioniert das Büro des Präsidenten. Washington ist derart zerstört worden, dass dort keine Tätigkeiten mehr möglich sind. Das in den Notunterkünften ausgelagerte Personal der Regierungsbehörden reicht nicht, um wichtige Funktionen wahrzunehmen. Zusätzliches Personal, das während der Alarmperiode evakuiert wurde oder den radioaktiven Niederschlag in angemessenen Schutzräumen abwartete, steht zur Verfügung, wenn es die Bedingungen gestatten. Wegen des schweren radioaktiven Niederschlags hat in einigen der Notunterkünfte niemand überlebt. In einigen anderen Notunterkünften ist der größte Teil des Personals krank, und viele sterben. Das Gleiche gilt für das Hauptquartier der regionalen Mobilmachungsstellen. Kommunikation und Transportmöglichkeiten zwischen den Notunterkünften und den regionalen Zentren sind mangelhaft. In vielen Gebieten einschließlich einiger der größten Städte, wo die Zahl der Verletzten die der unverletzten Überlebenden übersteigt, ist das soziale Gewebe aus der Zeit vor dem Angriff zerrissen. In diesen Regionen herrscht Durcheinander, und die üblichen Kontrollen sowie Richtungen exis-

Siehe Anmerkung # 30, 31, 32

30. Von der Finanzbehörde bis zur Post hatte so gut wie jede Behörde ihre eigenen Pläne zur Fortsetzung der Regierung. Doch Historiker haben kritisiert, dass die Schutzräume zu weit entfernt waren, um sie im Falle eines nuklearen Angriffs zu erreichen. Die meisten befanden sich in einem Umkreis von 80 bis 100 Kilometern um Washington. Zudem boten sie, so die Kritik, zu wenig Schutz. Dem stimmte die Regierung offensichtlich bereits im Jahr 1958 zu. Die Schutzräume waren nicht angemessen. Viele würden zerstört. Die meisten waren zu weit entfernt, um nützlich zu sein. Eine große Anzahl der Menschen, die dort untergebracht werden sollten, starben, bevor sie eintrafen. Und diejenigen, die es dorthin schafften, waren so verstrahlt, dass sie bald sterben würden.

    Interessanterweise war die Verletzbarkeit der Ausweichquartiere dem Pentagon durchaus bewusst, so dass alternative Pläne entwickelt wurden. Bereits zu dem Zeitpunkt, als dieses Dokument entstand, wurden ein Geschwader von 39 fliegenden Kommandozentralen und zwei Schiffe der Marine als Befehlsstände für den Notfall in Dienst gestellt. Es handelt sich allerdings um die erste schriftliche Erwähnung, dass „in einigen der Ausweichquartieren das Personal nicht überlebte“.

31. Der Präsident überlebt. Wie wird nicht erklärt. Man ist daher versucht, dies als Hybris abzuschreiben. Glück wäre der wichtigste Faktor. Präsident Bush war in Florida, als die Terroristen am 11. September zuschlugen. Passagiere brachten das vierte Flugzeug zum Absturz. Sollte es das Weiße Haus treffen? Wie bei allen Überraschungsangriffen verdanken die Überlebenden ihr Leben einer Mixtur aus Glück und Planung.

32. Wieder einmal übergeht der Autor den menschlichen Preis dieser Tragödie. In den Städten, so heißt es, übertrifft die Zahl der verletzten Überlebenden die der unverletzt Überlebenden. Es herrscht Durcheinander. Eine gesellschaftliche Ordnung besteht nicht mehr.

tieren nicht mehr. Die außerordentlichen Bedingungen herrschen vor allem in der Umgebung der am meisten zerstörten und verseuchten Gebiete.

*Eine Bodenexplosion, beobachtet aus einer Entfernung von rund 20 Kilometern. Diese Aufnahme aus dem Jahr 1955 zeigt, warum Bodenexplosionen so tödlich sind. Staub und Sand sind radioaktiv verseucht und verursachen eine weiträumige Kontaminierung der Umgebung. (Foto: Nevada Test Site)*

*Puppen werden in der näheren Umgebung der „Operation Doorstep“ aufgebaut. Im Rahmen einer Testserie wurden sie später in Häusern, Autos und Schutzräumen aufgestellt.*

10. GESUNDHEIT. Das Gesundheitswesen einschließlich Ärzten, Krankenschwestern und anderen Arbeitskräften, Krankenhäusern sowie anderen medizinischen Einrichtungen befindet sich in einem kritischen Zustand. Die Ursache dafür liegt zum Einen in der großen Konzentration dieser Ressourcen in den angegriffenen Gebieten und durch die beispiellosen Bedürfnisse der Überlebenden. Selbst bei strengster Auswahl der zu behandelnden Patienten, der von Beginn an durchgeführten Rationierung der Vorräte und der maximalen Unterstützung des industriellen Wiederaufbaus, werden die verbliebenen Vorräte nur für die minimalen Bedürfnisse reichen.

11. Von den vor dem Angriff 1,6 Millionen zur Verfügung stehenden Krankenhausbetten werden am siebten Tag nach dem Angriff (D-7) ungefähr 100.000 zur Verfügung stehen. Wo eine medizinische Versorgung möglich ist, werden die Patienten unter improvisierten Bedingungen behandelt werden – auf dem Boden, in Zelten und in den zur Verfügung stehenden Gebäuden. Auch Notfallkrankenhäuser der Zivilverteidigung und andere Krankenhäuser sowie medizinische Ausrüstungen werden genutzt.

12. Die Masse der Patienten hat die direkt verfügbaren Gesundheits- und Sanitätsmittel weitgehend aufgebraucht. Viele der verbliebenen Vorräte sind wegen radiologischer Verstrahlung oder mangelnder Transportmöglichkeiten entweder nicht erreichbar oder unbenutzbar. Für eine längere Zeit fällt die Herstellung von Gesundheitsmitteln und -ausrüstung so gut wie vollständig aus. Viele der verbliebenen Fabriken sind beschädigt oder aber wegen radioaktiver Verseuchung beziehungsweise einem Mangel an Personal nicht in der Lage zu produzieren.

Siehe Anmerkung # 33, 34

13. Die Ansprüche an die medizinische Versorgung sind überwältigend. Neben den 25 Millionen Toten oder Sterbenden warten 25 Millionen Opfer auf sofortige Notfallversorgung. Von diesen leidet die Hälfte (12,5 Millionen) an Explosions- oder Brandverletzungen, die eine sofortige und offensichtliche Behandlung verlangen. Unter den 25 Millionen Strahlenopfern haben 12,5 Millionen eine tödliche Strahlung erlitten und sind entweder bereits gestorben oder werden unabhängig von jeglicher Behandlung bald sterben. Von den verbliebenen 12,5 Millionen benötigt eine Hälfte in den ersten beiden Wochen bis zur zwölften Woche nach dem Angriff stationäre Behandlung in Krankenhäusern, wobei der Höhepunkt von fünf Millionen zwischen der fünften und siebten Woche erreicht werden wird. Einige dieser Anforderungen werden von Einrichtungen erfüllt werden können, die zuvor wegen Verstrahlung und Mangel an Transportmöglichkeiten nicht nutzbar waren.

33. Der Autor stellt fest, dass die verletzten Überlebenden keine medizinische Versorgung bekommen, selbst wenn sie ein Krankenhaus erreicht haben sollten. 90 Prozent der Krankenhausbetten sind zerstört. Vor allem Verbrennungen sind zahlreich und gleichzeitig auch am schwierigsten zu behandeln. Die Behandlung von Verbrennungen war 1958 noch keineswegs ausgereift. Brandwunden infizieren sich leicht und verursachen große Schmerzen. Zentren für die Behandlungen von Verbrennungen sind selten. Vor einiger Zeit erklärte die Ärztegruppe „Ärzte für eine verantwortungsvolle Welt“, dass der Abwurf einer Atombombe auf New York mehr Verbrennungsopfer verursachen würde als es in den USA Betten für Brandopfer gibt.

34. Der Vorrat an Antibiotika nimmt rapide ab, und eine weitere Produktion wird nicht erwartet. „Selbst mit der strengsten Auswahl von Patienten“, so das Dokument, sind die medizinischen Ressourcen nicht ausreichend. Auswahl ist eine verbreitete Praxis in Notsituationen. Die zu stark Verletzten lässt man sterben. Diejenigen, die nicht behandelt werden können, kommen möglicherweise nicht einmal in den Genuss von Morphium oder anderen Schmerzmitteln.

*Nach den Inspektionen der Explosionsorte wurden die Einsatzkräfte aufwändig gereinigt. (Foto: Nevada Test Site)*

*T-33-Jets wurden eingesetzt, um Proben aus der atomaren Wolke zu sammeln. Das Foto zeigt, wie Männer die Proben entnehmen, um sie zur Analyse an das Labor der „Atomic Energy Commission“ zu schicken. Die Filter befinden sich an der Flügelspitze des Jets.*

14. Unangemessene Vorsorge an diagnostischen Laborhilfen hat die genauere Bestimmung der Strahlungsverletzungen behindert. Ohne diese Bestimmungen werden viele Leben verloren gehen, weil hoffnungslose Fälle behandelt werden.
15. Neben den Opfern durch den Angriff – Explosion, thermale wie nukleare Strahlung – haben 120 Millionen Menschen überlebt, von denen neun Millionen (geschätzt auf Basis einer Verdreifachung gegenüber Erfahrungen aus Friedenszeiten) irgendeine medizinische Behandlung trotz der Umsiedlungen von Menschen, der Unterbrechung normaler medizinischer und sanitärer Dienste, der Vergiftung von Wasser- und Nahrungsvorräten, Umwelteinwirkungen, physischem und emotionalem Stress sowie Unterernährung und Überfüllung benötigen. Unter diesen neun Millionen steigt die Zahl der ansteckenden Krankheiten schnell, und zwar unter den Erwachsenen ebenso wie unter Kindern und Jugendlichen. Zu diesen Krankheiten zählen Typhus, Grippe, Pocken, Difterie, Wundstarrkrampf, Durchfall und Streptokokkus-Krankheiten. Im Süden kommt es vereinzelt zum Ausbruch von Gelbfieber und anderen tropischen Krankheiten, während es in den Küstenstädten zu Fällen von Pest, Cholera und Typhus kommt. Die Vorräte an Impfstoffen werden schnell aufgebraucht oder sind wegen radioaktiven Niederschlags, Explosionsschäden oder anderen Gründen nicht erreichbar. Es wird von Epidemien dieser oder anderer ansteckender Krankheiten ausgegangen.
16. NAHRUNG. Viele Überlebende werden in ihren Schutzräumen bleiben müssen, so dass es zu akuter Verknappung kommen wird, es sei denn die Schutzräume sind zuvor von Einzelnen oder Gruppen mit angemessenen Vorräten ausgerüstet worden. Wenn es der

Siehe Anmerkung # 35, 36

35. Strahlung ist eine der schmerzhaftesten Arten zu sterben. Das Szenario geht davon aus, dass mehr als zwölf Millionen Amerikaner tödlichen Strahlungsdosen ausgesetzt sind. Es gibt keine bekannte Heilungsmethode oder irgendeine Therapie, den Gang der Dinge aufzuhalten, und kaum verwertbare menschliche Daten. Und das, was bekannt ist, klingt nicht beruhigend. Zweimal wurden Männer Mitte der vierziger Jahre in den nuklearen Laboratorien in New Mexico tödlichen Strahlungsdosen ausgesetzt. Einer der Männer, Louis Slotin, starb innerhalb von neun Tagen. Der Andere, Harry Daghlian, starb nach 25 Tagen. Daghlian war sich der medizinischen Bedeutung bewusst und gestattete Fotografen, seinen Zerfall zu dokumentieren. Seine Hand wurde regelmäßig fotografiert. Das Fleisch verbrannte regelrecht, wobei das Gewebe bis zum Bersten geschwollen war. Der Rest der Fotos ist noch nicht frei gegeben worden.

36. Viele Strahlungsopfer sterben an Magen- und Darminfekten. Gammastrahlen greifen besonders weiches Gewebe an, das sie in den inneren Organen finden. Gastrointestinales Syndrom ist eine schmerzhafte Erkrankung, die man höchstens bei besonders belasteten Labortieren oder bei den Überlebenden von Hiroshima oder Nagasaki festgestellt hat. Strahlungsopfer verlieren ihre inneren Organe.

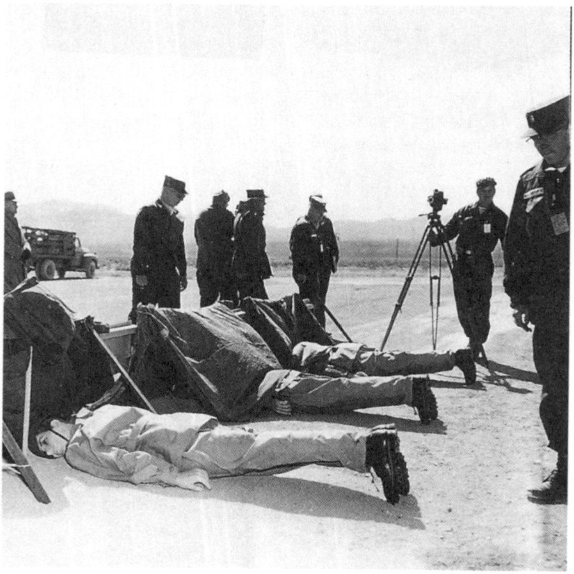

*Das Militär testete eine ganze Reihe von Schutzmöglichkeiten für seine Truppen. Diese einfachen Vorrichtungen waren bei genügender Entfernung ausreichend. Derartige Tests halfen dabei, den Mythos zu zerstreuen, dass atomare Waffen allmächtig waren.*

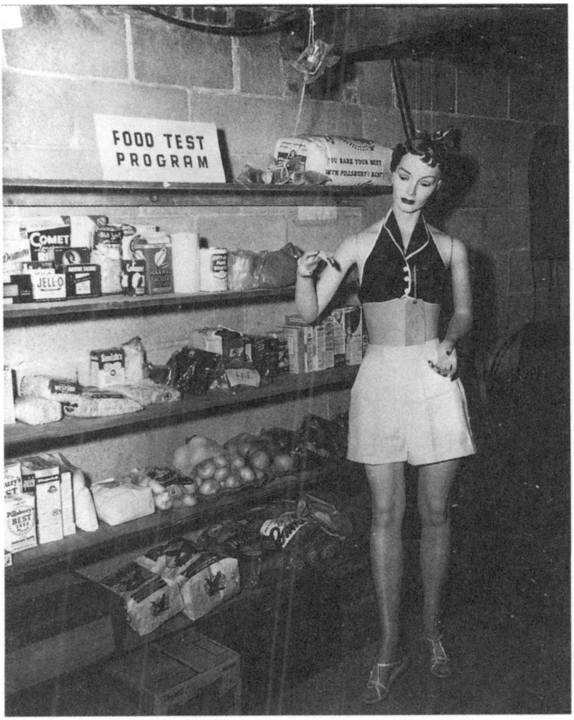


*Die Belastung von Nahrungsmitteln im Falle eines Atomkriegs war in den fünfziger Jahren eine wichtige Sorge der Zivilschutzplaner. Dieses Regal, das sich in einem der Testhäuser befand, trug den Spitznamen „Grandma's Pantry". Nach den Explosionen untersuchten Wissenschaftler die Nahrungsmittel, um die radioaktive Belastung zu analysieren. (Foto: Nevada Test Site)*

Rückgang der Strahlung den Menschen in den verstrahlten Gebieten gestattet, die Schutzräume zu verlassen, ist es wichtig, dass Nahrungsvorräte ohne Verzögerung bereit gestellt werden. Geborgene Nahrungsvorräte in den verstrahlten Gebieten werden die ersten Bedürfnisse befriedigen, weil die Ansprüche durch die deutlichen Verluste an menschlichem Leben geringer geworden sind. Um lokale Defizite auszugleichen, muss zusätzliche Nahrung in einige Gebiete transportiert werden. Die Fähigkeit, dies zu leisten, hängt von angemessenen Transport- und Kommunikationsmöglichkeiten ab, weil die Nahrungsvorräte der Nation insgesamt erwartungsgemäß ausreichen, um die ersten zivilen und militärischen Bedürfnisse in der ersten Zeit nach dem Angriff zu erfüllen. Die tägliche Produktion der wichtigsten Nahrungsmittel muss aufrecht erhalten werden und wo nötig wieder aufgenommen werden, weil die existierenden Vorräte nicht lange den Verlust der laufenden Herstellung ausgleichen können.

17. WOHNEN UND GEMEINDEEINRICHTUNGEN. Die Wohnungssituation ist kritisch. Feuer und Explosion haben große Teile des Wohnungsvorrats entweder vollständig zerstört oder in einen irreparablen Zustand versetzt. Die Situation wird dadurch verschärft, dass der atomare Niederschlag große Teile der verbliebenen Wohnungen für einen längeren Zeitraum unbewohnbar gemacht hat. Nur in sehr isolierten Gebieten ist das Wohnungsangebot ausreichend, um Überlebende aus den angegriffenen Regionen aufzunehmen. Umfassende Reparatur- und Wiederaufbauarbeiten an den verbliebenen Gebäuden und den Schutzräumen sind unbedingt notwendig. Freiwillige und amtliche Belegungen sowie

Siehe Anmerkung # 37

*„Viele der höchsten Regierungsbeamte gehören zu den Opfern.“*

37. Der medizinischen Krise folgt die Nahrungskrise. Selbst in gut ausgestatteten Schutzräumen (was für viele private und öffentliche zutrifft) gehen die Nahrungsmittel irgendwann zur Neige. Danach heißen die Probleme Strahlung und Verteilung. Nahrungsmittel für die Überlebenden befinden sich nicht unbedingt in der Nähe der Einschlagorte, und der Transport in die Kriegsgebiete wird eher unregelmäßig sein. Darüber hinaus riskieren diejenigen, die keine Möglichkeit haben, die Nahrung zu testen, möglicherweise tödliche Konsequenzen, wenn sie radioaktives Fleisch, Geflügel, Getreide oder Flüssigkeiten zu sich nehmen. Das Waschen der Nahrung kann helfen, und daher wird die Regierung vermutlich Informationen verbreiten, wie man die Nahrung säubern kann. Es ist gleichzeitig wahrscheinlich, dass das Militär bald Nahrung über die betroffenen Gebiete mit Fallschirmen abwirft.

die Nutzung von nicht zum Wohnen genutzten Gebäuden werden angeordnet.

18. Einrichtungen der Gemeinden sind besonders hart getroffen. Schäden durch die Explosion haben nicht nur die wichtigen Wasserleitungs- und Kanalnetze so gut wie vollkommen zerstört, sondern gleichzeitig auch die Funktion der Wasserleitungs- und Kanalnetze in ansonsten nicht durch die Explosion und von Feuer betroffenen Randgebieten beeinträchtigt. Notlösungen, um Trinkwasser aus lokalen Quellen zur Verfügung zu stellen, sind eingerichtet, doch die Frage der Müllbeseitigung ist eine ernste Bedrohung der Gesundheit.

Siehe Anmerkung # 38, 39

*„Tauschgeschäfte, unorganisierte Beschlagnahmungen und Plünderungn sind allgegenwärtig und bedrohen die Wiederaufnahme geordneter wirtschaftlicher Aktivitäten."*

38. Der thermische Impuls wird alles in einem Umkreis von einer Meile um den Einschlagort verdampfen oder verbrennen. Eine 10-Megatonnen-Bombe wird noch 20 Meilen vom Einschlagort entfernt Verbrennungen zweiten Grades verursachen. In diesem Absatz lesen wir, dass die Wohnungssituation kritisch ist. Widerspricht der Autor damit früheren Annahmen und sagt nun, dass die Zivilbevölkerung doch ein Ziel war? Wahrscheinlich nicht. Aber unbeabsichtigte Opfer sind in einem Atomkrieg unvermeidbar und zahlreich.

39. Dieser Abschnitt übertreibt. Atombomben sind zwar mächtig, aber in geringen Mengen nicht in der Lage, größere geografische Zerstörungen hervorzurufen. Dies zeigte sich in den Testgebieten. Die Auswirkungen atomarer und nuklearer Bomben wurden an Häusern, nachgebauten Fabriken, Treibstofflagern, Schutzräumen, Funktürmen und anderen Dingen getestet. Selbst Reihen verschiedener Stoffgewebe wurden um die Einschlagsstelle platziert, ebenso wie Puppen, Züge, Autos, Flugzeuge, Bomber, Artilleriegeschütze und sogar Puppen in Uniformen, die auf dem Boden lagen. Mindestens zwei Filme wurden vom Verteidigungsministerium frei gegeben. Viele andere Filme werden nur Geheimnisträgern gezeigt. Die Filme „Let's face it" und „Operation Doorstep" zeigen sämtliche Auswirkungen. Die Entfernung ist der kritische Faktor in einem Atomkrieg.

*„Feuer und Explosion haben die Behausungen entweder vollkommen zerstört oder irreparabel beschädigt."*

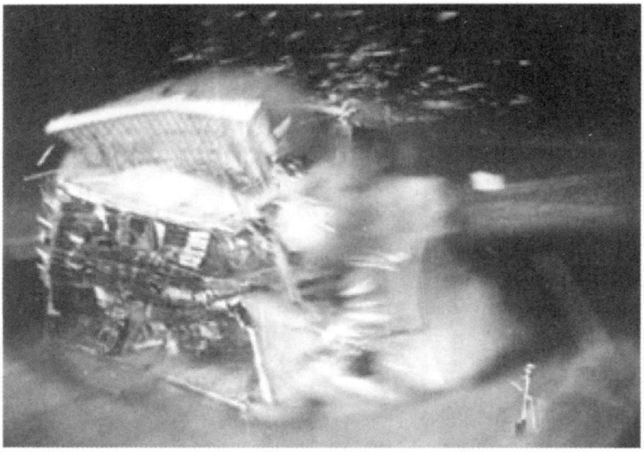

*Einfamilienhäuser wurden am 17. März 1953 auf dem Testgelände in Nevada der Druckwelle und der Hitze einer atomaren Explosion ausgesetzt. Dieses Haus stand ungefähr 1000 Meter vom Explosionsort entfernt und wurde ungefähr 2 1/3 Sekunden nach der Atomexplosion getroffen. Die Kamera befand sich in einem fünf Zentimeter dicken Bleigehäuse. Die einzige Lichtquelle stammt von der Explosion.*

Bereits Bäume können ausreichend Schutz bieten, wenn man sich weit genug entfernt befindet. Soldaten in einem gerade 2500 Meter entfernten Graben überlebten und führten sogar noch einen „Angriff“ gegen den Einschlagsort. Oft machten 1000 Meter den Unterschied, ob ein Auto zum Beispiel in die Luft flog oder vollkommen unbeschädigt blieb. Man konnte sich drei Meilen vom Einschlag einer Kilotonnenbombe entfernt aufhalten und, von einem Hügel geschützt, unverletzt überleben. Der Aufenthalt in einer Entfernung von acht Meilen bei einer noch größeren Bombe erwies sich bei der „Operation Desert Rock“ derart nutzlos als militärisches Schulungserlebnis, dass die Generalität empfahl, die Soldaten weiter vorne aufzustellen.

Dieser Abschnitt lässt das Überleben unwahrscheinlich erscheinen, obwohl die Daten vom Testgelände etwas anderes aussagten. Hügel, Täler oder schlicht die Entfernung auf einer Ebene in Nebraska könnten ein Haus und seine Bewohner schützen.

Nukleare Waffen sind eben wie alle anderen Waffen – sie haben einen tödlichen Radius und beschränkte Einsätze in den Kriegszenarien. Das tatsächliche Problem ist die Strahlung, die noch lange tötet, nachdem das Kriegsziel erreicht worden ist. Doch selbst Strahlung hat Grenzen. Die beiden größten jemals von den Amerikanern detonierten Wasserstoffbomben – „Mike“ und „Bravo“ – hatten zehn Megatonnen oder mehr. Die Niederschlagswolke von „Mike“ wurde nie entdeckt. „Bravo“, die die beiden Inseln Rongelab und Rongerik verseuchte, erstreckte sich über 5000 Meilen, doch die Verstrahlung lag in den meisten Fällen bei weniger als einigen wenigen Rad (Strahlungsangabe).

19. FINANZ- UND KREDITSYSTEM. Die Finanz- und Kreditsysteme in den geschädigten Gebieten sind zusammengebrochen und stehen in den von Flüchtlingen überlaufenen Gebieten und jenen, in denen Evakuierte untergebracht sind, unter extremen Druck. Die Transaktionen, die in diesen Gebieten vorgenommen werden, zeigen eine steigende Preisstruktur bei einigen wesentlichen Dingen, während sie bei einigen anderen Gütern und Dienstleistungen zusammenbricht. Handeln, unkontrollierte Beschlagnahmungen und Plünderungen sind weit verbreitet und bedrohen zusätzlich den Wiederaufbau eines geordneten Wirtschaftslebens. Wegen der engen Verbindung zwischen dem Finanz- und Bankensystem stehen die privaten wie geschäftlichen Transaktionen in den unbeschädigten Gebieten vor einem Stillstand.

20. NATIONALE KOMMERZIELLE KOMMUNIKATION. Ein Minimum des nationalen Telefon- und Fernschreibnetzes steht für den dringenden Bedarf an Nachrichtenübermittlungen bereit – mit Ausnahme der bombardierten und zerstörten Gebiete und der Regionen, in denen Anlagen zur Nachrichtenübermittlung sabotiert wurden. Der Verlust kommerzieller Energiequellen, verbunden mit einem ernsten Personalproblem, verursacht durch den Verlust von Spezialisten durch Todesfälle, Krankheit und Chaos, der Angst vor radioaktivem Niederschlag, beeinträchtigt ernsthaft die volle Inbetriebnahme der verbleibenden Anlagen. Daher kommt es zu großen Verzögerungen bei der Übermittlung von Telefongesprächen, außer bei den Wichtigsten, und der Zustellung von Telegrammen.

Siehe Anmerkung # 40, 41

40. Flüchtlinge sind ein bekanntes Nebenprodukt der Kriege. Wiederum ist es wahrscheinlich, dass das Militär große Anstrengungen unternehmen wird, um Geld und Nachschub zu verteilen. Dennoch geht der Abschnitt davon aus, dass es zu gesellschaftlicher Unordnung kommen wird – ein beliebtes Thema in entsprechenden Büchern und Filmen. Würde das heute geschehen? Vielleicht, aber nach dem 11. September kam es nur zu wenigen Plünderungen.

41. Das Kommunikationssystem der USA hat sich seit den fünfziger Jahren deutlich verbessert, hat aber noch entscheidende Schwächen. Das zeigte die Zeit nach dem 11. September. Nachdem sich die Nachricht von der Katastrophe verbreitet hatte, brachen die Telefonnetze zusammen. Das Netz der Mobiltelefone war überlastet, und selbst das Internet büßte deutlich an Geschwindigkeit ein. Trotz aller Glasfaserleitungen im Boden und allen anderen Fortschritten in der Telekommunikation ist die Kommunikationsinfrastruktur der USA noch immer verwundbar. Nicht nur durch Bomben, sondern durch pure Überlastung.

*An Stangen befestigte Puppen werden den thermalen Effekten der Bombe ausgesetzt. Eine 10-Kilotonnen-Bombe konnte noch 2,5 Kilometer vom Explosionsort entfernt Brandverletzungen verursachen. Eine 10-Megatonnen-Bombe konnte die gleichen Verletzungen noch in einer Entfernung von 32 Kilometern hervorrufen. (Foto: Nevada Test Site)*

*Eine weitgehend unverletzte Puppe zeigt, dass Kleidung schwerere Brandverletzungen deutlich abmildern konnte.*

21. INTERNATIONALE KOMMERZIELLE KOMMUNIKATION. Die internationalen Funkfernschreib- und Funktelefonverbindungen sowie die Kabelanlagen an der Ost- und Westküste sind zerstört worden. Sabotage hat sowohl an der Ost- wie an der Westküste die Kabelendpunkte beschädigt. Die Zerstörung des Unterseekabels hat die Kapazitäten für Fernschreib- und Telefonverbindungen an die atlantischen Punkte sowie nach Alaska und Hawaii aufs Schwerste vermindert. Eine begrenzte Kapazität an Funkfernschreib- und Funktelefonverbindungen ist jedoch erhalten geblieben. Allerdings leidet die Zuverlässigkeit unter elektronischen Sperren, den Schäden an den Anlagen in Übersee, Sabotageanstrengungen und den Strahlenauswirkungen auf das Personal. Luftpost wird eingesetzt, wo immer möglich und durchführbar, um die verminderten Fähigkeiten des Überseenetzes auszugleichen.

22. VERKEHR. In allen angegriffenen und verseuchten Gebieten kommt es zu ernsten Unterbrechungen der Transportmöglichkeiten. Innerhalb dieser Gebiete haben Bahnhöfe, Lagerhäuser, Dienstgebäude und verwandte Anlagen schwerste Schäden erlitten. Automobile in nicht betroffenen und nicht verseuchten Gebieten, einschließlich jener, die bisher nicht für Transporte genutzt wurden, werden für die Nutzung in den Katastrophengebieten eingezogen. Die Eisenbahn ist mehr durch die Zerstörung von Gleisen und Bahnöfen betroffen als durch den Verlust an rollendem Material. Große Mengen von Eisenbahn- und motorisierten Transportmöglichkeiten sind unbeschädigt geblieben, so dass es möglich ist, einen minimalen Verkehr in den nicht völlig von der Strahlung betroffenen Gebieten aufzubauen und die wichtigsten Strecken so schnell wie möglich

Siehe Anmerkung # 42, 43

*„Die Bodenexplosionen haben einen derart starken radioaktiven Niederschlag zur Folge, dass in weiten Teilen der USA der langwierige Aufenthalt in Schutzräumen das einzige Mittel zum Überleben darstellt."*

42. Transport ist das Rückgrat des Handels und Geschwindigkeit das Rückgrat des Transports. Man muss nur einmal die langen Staus auf den Highways bei einer fehlenden Fahrspur erleben, um sich auszumalen, was geschehen würde, welches Chaos ausbrechen würde, wenn Brücken zerstört worden sind. Die militärischen Ressourcen wären beim Wiederaufbau von größter Bedeutung. Zutreffend damals. Zutreffend heute.

43 Die amerikanische Post hatte eine ganz besondere Verantwortung für die Zeit nach einem Atomangriff. Dazu gehörte die Identifizierung von Überlebenden und das Verteilen von Formularen für Adressenänderungen. In den Kriegsgebieten würden nur wenige Straßen bestehen bleiben. Hunderttausende von Amerikanern würden zu Flüchtlingen werden. Von der amerikanischen Post erwartete man, dass sie die ständigen Bewegungen überwachen sowie neue Adressen für die Vertriebenen entwickeln und die Postsendungen verteilen würde.

wieder einzurichten, nachdem Entgiftungsmaßnahmen es erlauben, über nicht verstrahlte Strecken die beschädigten Gebiete zu passieren. Dennoch werden die Ersatz-Transportmöglichkeiten schneller verbraucht als sie wieder aufgestockt werden können.

23. In den wichtigsten Häfen sind die Kaianlagen, Lager, Werften und Reparaturdocks sowie ähnliche Anlagen schwer beschädigt. Die Schäden an Frachtanlagen an der Küste machen den Einsatz alternativer Häfen notwendig, was zu einer Begrenzung der Anlandungen wegen der limitierten Kapazitäten dieser Anlagen führt. Der Schaden an Reserveflotten ist begrenzt, doch ist die Indienststellung durch den Verlust an Reparaturdocks, Schleppern und Arbeitskräften eingeschränkt. Durch die weltweite Verteilung der Handelsflotte auf See und in ausländischen Häfen ist der größte Teil der Flotte verschont geblieben, doch die Verluste sind dennoch ernst angesichts des stark gestiegenen Bedarfs, Nachschub und Verstärkungen zu den in Übersee stationierten Truppen zu bringen. Für die Schiffe oder Konvois an den küstennahen Routen kann mit Ausnahme für den direkten militärischen Nachschub kein Schutz geleistet werden, es sei denn in Fällen mit besonderer Priorität, die über der militärischen liegt. Daher kann die Handelsmarine die Landtransporte weder unterstützen noch ersetzen.

*Die USS „Saratoga" nimmt sieben Stunden nach der Explosion einer Atombombe innerhalb der Bikini-Lagune Wasser auf. Der Rest der Testflotte war schwer kontaminiert.*

*Die dem Explosionsort am nächsten platzierten Schiffe erlitten schwerste Schäden. Wenn sie nicht gesunken waren, so waren sie fast vollständig geschmolzen. (Foto: Able Shot, Operation Crossroads, 1946)*

*Eine 10-Megatonnen-Bombe hat die Sprengkraft von 22 Milliarden Pfund TNT. Bei derartigen Tests hielten sich die Beobachter aus Sicherheitsgründen rund 160 Kilometer entfernt auf.*

24. Die nationalen Flugkapazitäten sind deutlich durch die Schäden an Flughäfen, Landebahnen und Flugzeugen sowie fehlende Kommunikationsmöglichkeiten, Ersatzteilen, Arbeitskräfte, Treibstoff und Wartungsanlagen eingeschränkt. Die verbliebenen Flugzeuge werden zum großen Teil für die Routen und den Verkehr mit höchster Priorität im Rahmen des Luft-Prioritätssystems bereit gestellt. Die transkontinentalen Flugkapazitäten sind durch die Zerstörungen an Flugzeugen, Schäden an den Basen, Umleitungen und fehlende Kapazitäten am Boden eingeschränkt.
25. STROM. Wegen der zum großen Teil eingetretenen Schäden an den Überlandleitungen und den stark zerbombten Städten sowie den Umspannwerken in den zerbombten Städten kann in den meisten Randgebieten und Auffangstellen für Evakuierte nicht ausreichend Strom zur Verfügung gestellt werden. Der größte Bedarf an Strom besteht in diesen Gebieten für Kühlung, Krankenhäuser, das Wassersystem der Gemeinden, Heizung und Nahrung. Kleine, transportable Generatoren können nur zu einem kleinen Teil diesen Bedarf decken. Die nach dem Angriff noch funktionierenden Elektrizitätswerke können nur ein Minimum der benötigten Energie liefern. Daher können die Stromausfälle in den meisten Gebieten erst dann gemildert werden, wenn die Überlandleitungen repariert oder neu installiert worden sind und die Kommunikation wieder hergestellt ist. Die Wiederherstellung der Stromleitungen wird mehr Zeit in Anspruch nehmen als nach Naturkatastrophen. Die Verzögerungen haben mehrere Ursachen. Dazu gehören die Schwierigkeiten, Reparaturteams und Ersatzteile aus den nicht betroffenen Gebieten in die Mangel-

Siehe Anmerkung # 44, 45

*„Die eingesetzten Arbeitskräfte sind in großer Zahl damit beschäftigt, die Toten zu entsorgen ...“*

44. Verstrahlung und gefährdete Schifffahrtslinien stellen den Kern der Transportprobleme dar. Viele Schiffe überstehen zwar die Atomschläge, doch die Sowjets bleiben im Angriff. So attraktiv es erscheinen mag, aber es ist vor dem Abschluss eines Friedensvertrags keine Lösung, die Waren von Lastwagen auf Schiffe umzuladen.

45. Die Fluglinien waren als Erste nach dem 11. September betroffen. Es folgten fehlendes Vertrauen der Konsumenten und ein Desinteresse an Reisen. Die Kapazität im Luftverkehr, so der Autor im Jahr 1958, ist zwar eingeschränkt, aber das Verlangen nach Kapazitäten über den Atlantik ist fraglich. Wer will nach dem Krieg verreisen?

gebiete zu transportieren und die Unmöglichkeit, in Gebiete mit radioaktivem Niederschlag zu gelangen, um dort Reparaturen durchzuführen oder Material und Ausrüstungen zu erhalten. Wo Elektrizitätswerke, die Energie aus Dampfgeneratoren gewinnen, zerstört wurden, sind auch die Energie verbrauchenden Anlagen (Fabriken, Läden, Häuser etc.) zerstört worden. In den meisten Fällen, wo Wasserkraftwerke beschädigt worden sind, ist ausreichend Kapazität intakt geblieben, um über Verbindungen mit anderen Systemen, die wichtigsten Bedürfnisse in den angeschlossenen Gebieten zu befriedigen. In diesen Gebieten wird jedoch die Energiebereitstellung an unbeschädigte industrielle Anlagen für lange Zeit eingeschränkt sein. Genügend ausgebildete Kräfte haben überlebt, um die Anlagen zu bedienen. Elektrizitätswerke, die Kohle nutzen, haben für 30 bis 60 Tage ausreichende Vorräte, selbst wenn Teile ihrer Lager für andere Notfälle eingesetzt werden. Elektrizitätswerke, die Erdöl einsetzen, werden eine kürzere Zeit, je nach Größe der Vorräte der einzelnen Anlage, am Netz bleiben können.

26. TREIBSTOFFE. Von allen Treibstoffen (einschließlich Petroleumprodukten, Gas und fossilen Treibstoffen) sind die Motorkraftstoffe, einschließlich Luftfahrt, zu allen Jahreszeiten die am meisten eingesetzten Treibstoffe im ganzen Land. Daher ist die Verfügbarkeit von Motorkraftstoff auch angesichts des stark eingeschränkten zivilen Verkehrs für die wichtigsten Einsätze im Interesse des menschlichen Überlebens und militärischer Einsätze von überragender Bedeutung. Darunter fallen die Einsätze von Lastwagen, Diesellokomotiven, Transporte auf dem Wasser, Flugzeuge, Traktoren und andere land-

*Dieser B-17-Bomber wurde 4,5 Kilometer vom Explosionsort entfernt in zwei Teile gesprengt. Viele Teile der Außenhaut wurden durch die Hitze verdampft.*

wirtschaftliche Geräte, die für die Nahrungsproduktion benötigt werden sowie eine ganze Reihe von Maschinen für die Bereitstellung von Wasser, Abwasseranlagen und Krankenhäusern.

27. Erste militärische Einsätze beziehen ihren Treibstoff fast ausschließlich aus den Vorräten der Armee. Die Kraftstoffvorräte in unbeschädigten Gebieten, in die und durch die Evakuierte gebracht werden, sind trotz Rationalisierungsmaßnahmen der örtlichen Behörden fast vollständig aufgebraucht. In vielen dieser Gebiete und in angrenzenden Unterstützungsgebieten kommt es vorübergehend wegen radioaktiven Niederschlags zum Stillstand im Verkehr und bei den landwirtschaftlichen Aktivitäten, wodurch zugleich die Wiederauffüllung der Lager verhindert wird. Wenn der schwindende radioaktive Niederschlag die Wiederaufnahme menschlicher Aktivitäten erlaubt, können einige Energieverbraucher wie Eisenbahnen, Fluglinien und in einem geringeren Rahmen auch Landwirte für eine kurze Zeit mit den vorhandenen Vorräten arbeiten. Im Allgemeinen wird es allerdings zu einer sofortigen schweren Erschöpfung der Vorräte an Kraftstoffen – auch in der Luftfahrt – kommen. Die Geschwindigkeit, mit der diese Vorräte wiederum aufgestockt werden können, ist in den verschiedenen Gebieten unterschiedlich und hängt ab von der Verfügbarkeit von Transportmöglichkeiten, dem Ausmaß, wie sie normalerweise von Pipelines versorgt werden und der Nähe zu unbeschädigten Raffinerien.

Siehe Anmerkung # 46, 47

*„Feuer und Explosion haben die Behausungen entweder vollständig zerstört oder irreparabel beschädigt."*

46. In einer ansonsten trostlosen Welt ist wenigstens Treibstoff verfügbar – wenn auch eingeschränkt und an oftmals schwer erreichbaren Orten. Elektrizitätswerke, Fahrzeuge und sogar Flugzeuge werden begrenzt für Notfalleinsätze eingesetzt. Die längerfristige Perspektive jedoch wird nicht beschrieben. Vermutlich könnte aber nach dem Krieg ausreichend Kraftstoff importiert oder innerhalb eines vernünftigen Zeitrahmens aus den heimischen Ölquellen gefördert werden.

47. Der Autor beschreibt die reduzierte Nachfrage nach Treibstoffen wegen der Zerstörung militärischen Materials, von Häusern und Gebäuden. Nicht berücksichtigt ist die Abwesenheit des Wunsches zu reisen. Nach dem 11. September sanken die Treibstoffpreise, weil die Menschen näher bei ihrem Zuhause bleiben wollten.

28. In kalten Gebieten, in die und durch die Evakuierte transportiert worden sind, stellt sich die Situation bei den Treibstoffen, die für das Kochen und Heizen eingesetzt werden (Kerosin, Öl, verflüssigtes Petroleumgas und Gas), ähnlich dar wie bei den Motorkraftstoffen. Die Unterbringung und das Kochen der angewachsenen Bevölkerung in diesen Gebieten lässt die Kraftstoffe für das Kochen und Heizen in Häusern und anderen Gebäuden schnell abnehmen, und in Gemeinden, die mit Erdgas versorgt werden, den Druck in den Leitungen sinken. Radioaktiver Niederschlag verhindert das sofortige Aufstocken der Vorräte in den Privathaushalten. Wenn die Lieferungen wieder aufgenommen werden können, werden die Vorräte der örtlichen Lieferanten an Heizöl, Butangas und Kohle schnell aufgebraucht sein. Die Vorräte der Industrie und einiger E-Werke können angezapft werden, wenn sie für das Beheizen von Krankenhäusern, Häusern oder Schutzräumen benötigt werden. Ein Wechsel von weniger verfügbaren zu verfügbareren Kraftstoffen wird notwendig werden. Vom Beginn an wird, wo verfügbar, Holz Wärme liefern, doch dies wird nicht auf lange Zeit die Bedürfnisse der Massen befriedigen können. Wiederum wird die Bereitstellung der minimal notwendigen Vorräte an Kraftstoffen für das Heizen und Kochen von der Wiederaufnahme der Transport- und Kommunikationsmöglichkeiten abhängen.

*Soldaten vor den Gräben bei einem nuklearen Test auf dem Gelände in Nevada. Tief genug eingegraben, konnte man eine atomare Explosion in einer Entfernung von 2500 Metern überleben.*

*Nach einem Flug durch eine atomare Wolke wird ein B-50-Bomber dekontaminiert.*

29. Die Produktionskapazitäten der Öl- und Gasquellen sowie der Bergwerke sind durch den Angriff wenig beeinflusst worden, jedoch ist ihre Funktionsfähigkeit in einigen Gebieten zeitweise durch radioaktiven Niederschlag unterbrochen worden, der den Aufenthalt von Menschen dort gefährlich macht. Selbst nachdem der Rückgang des Niederschlags die Arbeiten wieder gestattet, werden Stromunterbrechungen die Funktion bei einigen Anlagen und den Pumpstationen der Pipelines beeinträchtigen. Ein großer Anteil der überirdischen Kraftstoffanlagen in den bombardierten Gebieten, wie Raffinerien, Pipeline-Terminals, Tanklager, Gas-Kompressionsanlagen und Kohlelager an Bahnhöfen und Häfen, sind entweder zerstört oder aber schwer beschädigt. Die Zerstörungen an Docks, Tanks und Raffinerien in den Küstengebieten haben den Überland-Transport und den Import von Petroleum oder Petroleumprodukten durch Tanker eingeschränkt. Innerhalb des Landes behindert die Unterbrechung und die Beschädigung des Eisenbahnnetzes, der Wasserwege und der Highways in der Nähe der urbanen Zentren die Verteilung von Kohle und Petroleumprodukten.
30. Die nicht-militärischen Anforderungen an Treibstoff in der Periode nach dem Angriff werden wesentlich geringer ausfallen als in der Periode vor dem Angriff, weil Millionen von Treibstoff verbrauchenden Einheiten wie Privathaushalte, Geschäftshäuser, Elektrizitätswerke und Fabriken durch die Einschläge verschwunden sind. Mit einer strengen Rationierung von Petroleumprodukten und der Bewirtschaftung von Kohle reicht die verbliebene Produktionskapazität an Treibstoffen, einschließlich der Raffineriekapazitäten, um die Bedürfnisse des Militärs und den minimalen Bedarf der Zivilbevölke-

rung an Motorkraftstoffen und Heizenergie zu befriedigen. Priorität hat dabei die Bereitstellung von Treibstoffen für das menschliche Überleben und die militärischen Einsätze, einschließlich Kommunikation, Transport, elektrische Energie und die für beide Bereiche wichtige Produktion von Nahrungsmitteln. Die Raffinerieproduktion wird den jahreszeitlichen und militärischen Bedürfnissen – je nach Zeitpunkt des Angriffs – angepasst, um sie entsprechend befriedigen zu können. Dennoch sollte davon ausgegangen werden, dass es vor allem wegen der Transportprobleme örtlich zeitweise in den Folgemonaten zu schweren Nachschubmängeln an dem einen oder anderen Kraftstoff kommen kann. Dies wird von den betroffenen Gemeinden Ausdauer und extreme Sparmaßnahmen bei Motorkraftstoffen sowie möglicherweise eine Rückkehr zu relativ primitiven Koch- und Heizmethoden verlangen. Die Treibstoffindustrie und die Regierung werden sich etwas einfallen lassen müssen, um die Engpässe zu beheben.

31. ARBEITSKRÄFTE. Bei der Einschätzung der Überlebens- und Rettungsarbeiten übertreffen die Anforderungen bei weitem die verfügbaren Arbeitskräfte. Obwohl in einigen Gebieten Prioritäten für die Arbeitskräfte von örtlichen Einheiten eingeräumt wurden, erzeugen in anderen Unterstützungsgebieten Kommunikationsschwierigkeiten mit den höheren Regierungsebenen widersprüchliche Anforderungen. Während einige Einheiten der Zivilverteidigung unter einem Überfluss an Arbeitskräften leiden, können andere nicht funktionieren, weil es an Unterstützung fehlt.

32. Die Bereitstellung einer ausreichenden Zahl an Arbeitskräften wird durch die Verlagerung und mangelhafte Organisation der Bevölkerung gefährdet. In vielen Gemeinden hat in Erwartung des ersten und weiterer Angriffe eine Evakuierung stattgefunden. Diese Menschen versuchen, nun in ihre Heime zurückzukehren, doch dieser Prozess verläuft langsam, und zuvor verfügbare Fähigkeiten können erst wieder aktiviert werden, wenn sich die Bevölkerung wieder in ihrer Heimatgemeinde eingefunden hat. Es wird einige Zeit vergehen, bis Arbeitskräfte in diesen Gebieten wieder organisiert werden können, um in den zerstörten Gebieten zu helfen und die wichtigsten Dienstleistungen und Anfänge der Produktion wieder aufzunehmen.
33. In vielen Gemeinden hat der gewesene und bevorstehende radioaktive Niederschlag, vor allem aber die Angst vor dieser unsichtbaren Gefahr einen besonders großen Anteil der Arbeitskräfte, die ansonsten zur Verfügung stehen würden, gelähmt. Die wegen der Niederschlagsgefahr verfügte Zugangsverweigerung zu großen Gebieten hat die drängenden Transportprobleme der Arbeitskräfte zu den Notgebieten verschärft.
34. In vielen Gemeinden gibt es in bestimmten Bereichen einen Überfluss an Arbeitskräften, die eingesetzt werden könnten, wenn Vorräte und die notwendige Ausrüstung vorhanden wären. In anderen Gemeinden müssen im Interesse eines optimalen Einsatzes der vorhandenen Arbeitskräfte die Arbeiter zeitweise von ihren Familien getrennt werden, bis Unterkünfte, Transportmöglichkeiten, Nahrungsmittelversorgung und andere Bedingungen wieder hergestellt sind, um die Familien wieder zusammen führen zu können. Zu Schwierigkeiten ist es beim Versuch gekommen, die in Auffanglagern

*Der Wind hat diese atomare Wolke bereits über der Wüste Nevadas zerteilt. Explosionen auf der Oberfläche verstärken die lokale Verseuchung, während Explosionen in der Luft Material vom Boden ansaugen und den daraus entstehenden radioaktiven Niederschlag mit dem Wind transportieren.*

um die angegriffenen Städte evakuierten Menschen zu halten, um so zu verhindern, dass sie ihr Leben durch einen Rückzug in die vom Niederschlag betroffenen Gebiete gefährden. Viele Tausend Menschen versuchen, die Häuser von Freunden oder Verwandten zu erreichen. Daher ändert sich die Zahl der Arbeitskräfte und die dort vertretenen Berufe ständig. Die instabile Lage beeinflusst die Rekrutierung ganz bestimmter Berufsgruppen in den betroffenen Gebieten und macht die Schätzung der Balance zwischen notwendigen Arbeitskräften und dem zur Verfügung stehenden Nachschub bei einer geringen Veränderung in der Bevölkerung so schwierig.

35. In den Auffanglagern ist der Einsatz ungelernter Kräfte für die anfallenden Notfallarbeiten außerordentlich uneffektiv, weil zuvor entsprechend ausgebildete Techniker für die Zivilverteidigung und Leitungspersonal fehlen.
36. Ausbildungsprogramme bringen nur geringe Linderung, außer für kurzfristige Entwicklungen.
37. PRODUKTION. Wie bei allen anderen Gebieten wirtschaftlichen Handelns lassen sich die Auswirkungen des Angriffs auf die Produktion am besten in zeitlichen Abschnitten beschreiben. Zunächst kommt es sofort zu einem praktisch vollständigen Stillstand der Produktion – auch in nicht oder leicht betroffenen Gebieten. Nach dieser „Schockphase" wird durch das allmähliche Zurückkehren der Arbeitskräfte an ihre Arbeitsplätze ein langsamer Wiederaufbau in Gang gesetzt, der zunächst in den versprengten, nicht geschädigten und nicht von radioaktivem Niederschlag betroffenen Gebieten stattfindet. Je mehr sich der Niederschlag verringert und die Säuberung beginnt, desto mehr dehnen sich die Wiederaufbaugebiete aus, behindert nur durch einen Mangel an Arbeitskräften.

*Die Hitzewelle einer atomaren Explosion hat die Reifen dieses Testwagens entzündet. (Foto: Nevada Test Site)*

38. Während dieser frühen Phase nach dem Angriff muss vor allem die Herstellung wichtiger ziviler Güter und Dienstleistungen sowie militärischer Dinge, die für Kampf und Nachschub benötigt werden, im Vordergrund stehen. Zwei wichtige Faktoren bestimmen das erreichbare Niveau der Produktion.

39. Erstens wird es in der Phase nach dem Angriff zu einer deutlichen Begrenzung der Produktion kommen. Das Produktionsniveau in der Zeit vor dem Angriff war das Ergebnis eines hochgradig komplexen Systems, an dem viele Tausend Mitwirkende durch den miteinander verbundenen Produktionsprozess beteiligt waren. Lieferanten von Rohmaterialien, Hersteller von Metallformen, Teilehersteller und Teilmontagen trugen mit ihren Produkten im Großen und Ganzen zum Produktionsprozess bei, so dass sie am Ende dort ankamen, wo sie benötigt wurden. Es ist unmöglich, den Schaden an dieser Kette in all seinen Ausmaßen zu bemessen. Es ist allerdings davon auszugehen, dass der Prozess erheblichen Schaden genommen hat, der nicht auf Anhieb zu reparieren ist. Es wird Monate dauern, um alle Engpässe zu bestimmen und viele weitere Monate, um diese Mängel und Ungleichgewichte auszugleichen. Die Wiederaufnahme der Produktion in größerem Umfang wird aber auch davon abhängen, inwieweit die notwendigen Dienstleistungen – Energie, Transport, Kommunikation etc. – wieder hergestellt werden können.

Siehe Anmerkung # 48, 49

48. Arbeitskräfte werden bei mehreren Gelegenheiten erwähnt. Ausgebildete Kräfte befinden sich nicht unbedingt dort, wo sie benötigt werden. Dies wurde auch in New York beobachtet. Die Verteilung von Arbeitern funktionierte im Jahr 2001 jedoch besser, als es 1958 der Fall gewesen wäre.

49. Das Schlüsselwort ist „Schockphase". Sicher wird die Produktion wegen der Schäden, dem Verlust an Arbeitskräften und Strahlung eingeschränkt oder blockiert sein. Doch der „X"-Faktor ist der Wille der Amerikaner wieder auf die Füße zu kommen. Wiederum sind die Erfahrungen nach dem 11. September wertvoll. Auch da gab es eine Schockphase. Es brauchte Zeit, die Amerikaner wieder an die Arbeit zu bekommen. Es bedurfte einiger Ermutigung. Verantwortliche der Regierung beschworen die Amerikaner, ihr normales Leben wieder aufzunehmen. Komiker wurden veranlasst, ihre TV-Shows wieder aufleben zu lassen. Und auch wenn es in diesen ersten Tagen hart war, reagierte Amerika. Innerhalb eines Monates gab es so etwas Ähnliches wie Normalität.

Amerikas kulturelles Erbe war, auch wenn es im „Emergency Plans Book" nicht erwähnt wird, ebenfalls in Gefahr. Die Verwaltung der Nationalparks entwickelte einen Plan, die Freiheitsglocke abzuhängen und in Sicherheit zu bringen. Das nationale Archiv hatte einen besonderen Tresor für die Unabhängigkeitserklärung und die Bill of Rights. Und auch die National Gallery of Arts hatte einen Plan für die Evakuierung von Kunstwerken, die in einer Anlage auf dem Campus des Randolph-Macon-College in Lynchburg, Tennessee, in Sicherheit gebracht werden sollten.

Kurzum: Amerika wird wieder aufbauen – auch nach dem Weltuntergangsangriff.

40. Zweitens wird die Produktion durch die begrenzte Verfügbarkeit der Zahl und Art der Arbeitskräfte – vor allem in den ersten sechs Monaten – eingeschränkt. Je mehr der Bedarf an Arbeitskräften für die Zivilverteidigung zurückgeht, desto mehr Menschen werden für die Produktion von Gütern und Dienstleistungen verfügbar. Dennoch wird es auch nach den ersten sechs Monaten wegen der Verluste an Arbeitern und der geringeren Effizienz der verfügbaren Arbeitskräfte zu einer eingeschränkten Produktion kommen.

*Army-Soldaten bewachen das Testgelände in Nevada während einer atomaren Explosion. (Foto: Nevada Test Site)*

*Soldaten besteigen Lastwagen, nachdem sie Übungen in dem Gebiet einer nuklearen Explosion durchgeführt haben.*

*Diese Schutzvorrichtungen wurden bei den „Annie-Tests“ auf dem Testgelände in Nevada erprobt.*